你能否成功，不在于你知道什么，而在于

你认识谁

人际交往中的有效策略

苏木禄◎编著

中国城市出版社

·北　京·

图书在版编目(CIP)数据

你认识谁：人际交往中的有效策略/苏木禄编著.
—北京：中国城市出版社，2012.12
ISBN 978-7-5074-2709-7

Ⅰ.①你… Ⅱ.①苏… Ⅲ.①心理交往—通俗读物
Ⅳ.①C912.1-49

中国版本图书馆 CIP 数据核字（2012）第 260655 号

责任编辑	宋凯(booktaste@163.com)
装帧设计	异一设计
责任技术编辑	张建军
出版发行	中国城市出版社
地址	北京市西城区广安门南街甲 30 号（邮编 100053）
网址	www.citypress.cn
发行部电话	(010) 63454857 63289949
发行部传真	(010) 63421417 63400635
总编室电话	(010) 68171928
总编室信箱	citypress@sina.com
经销	新华书店
印刷	北京圣夫亚美印刷有限公司
字数	198 千字 印张 14.25
开本	710×1000（毫米） 1/16
版次	2013 年 1 月第 1 版
印次	2013 年 1 月第 1 次印刷
定价	28.00 元

你认识谁

前言

好莱坞里最流行的一句话就是:“成功，不在于你知道什么(What you know)或做什么(What you do)，而在于你认识谁(Whom you know)。”现今的时代里，你想要成功，就必须具备三个条件:资金、技术与人。而这三大条件的核心就是“人”。当你拥有了丰富的人脉之后，你在资金、技术上的问题便可以得到极好的解决，拥有良好的人脉关系，是让自我获得成功的最简单方法之一。

斯坦福研究中心曾发表过一份调查报告:一个人在一生中赚的钱，有12.5%来自知识，87.5%来自关系。这一数据曾让许多人大为惊讶，但事实上，懂得对自我人际关系进行经营的那些人要明显比其他人拥有更多成功机会。

在社会中，人往往并不是单一的个体，生存的需求使人际交往成为了一种必然，每个人都可能遇到形形色色的人，而怎样利用这些人，才能让自己在未来的道路上走得更加顺利，就要看你平日里是如何打造人脉关系、如何经营人际网。

许多成功者的经验都证明，对于那些在社会上苦苦拼搏的人，实力与学历往往不如“人力”管用，想要在同等竞争条件下比别人赢得更多的发展机会，你就一定要在“认识谁”上大做文章。

不管是什么事情，都有其内在的技巧可言，只要你掌握了一定的规律与方法，认识更多的人、更轻易地走向成功并不是一件难事。基于期望每一位读者都能获得更深远发展的愿望，我们编写了《你认识谁》这本书。

《你认识谁》主要立意于三点内容：

第一，帮助读者更清楚地认识到“成功不在于你知道什么，而在于你认识谁”这一基本成功定律。

第二，帮助每一位没有成功或者不太成功的人，进行一下反思——你认识谁？你所在行业谁比较知名？你认识多少此类的知名之士？你与他们有交往吗？为什么你不认识他们？你是否有可能认识他们？

第三，让读者懂得怎样才能让自己认识更多的那个“谁”，怎样才能从思想上获得根本的转变，或者采取怎样的积极行动，才能使自己在事业上可以赢得新的发展。

当你面对人生不知所措时，当你不满足于自己的生活状况时，当你为复杂的社会现实而不断苦恼时，当你对着庞大的人际关系望而兴叹时，抑或你还年轻,根本不懂得如何让自己认识更多人时,都请你打开这本《你认识谁》。它以简洁的叙述、翔实的案例，让你明白人际交往与人脉管理中的技巧与策略，让你了解更多的结识技巧，了解更多塑造良好人际关系的方法。

如果你渴望成功，如果你期望自己可以获得更辉煌的未来，不如从现在开始，去好好地思考怎样才能让自己在结识更多的人同时，将这些人际关系进一步转化为有利于自我人生发展的助推器。

如果你还未成功，如果你还想成功的话，就请打开这本《你认识谁》吧！它将带领你走向更清晰的未来，让你了解更快接近成功的方法。

目录

第五章 帮助他人变强，提升自我人脉质量

第六章 情商和智商同样重要，双管齐下方可全胜

第七章 人生是场持久战，懂分寸才会被老天偏爱

你认识谁

第一章

成功不在于你知道什么，而在于你认识谁

这个时代早已不是仅凭学历便能制胜的年代了，你是否能在激烈的竞争中脱颖而出，除了自身是否具备相应的能力之外，你的人脉竞争力有多强也是关键所在。这也点明了现代式成功的关键：成功，往往并不取决于你知道什么，而是取决于你认识了什么样的人。

《水浒传》：一部借力使力的经典

中国素来是礼仪之邦，而这种世俗礼仪的最核心之处就是人情，这种人情表现在社会活动中之中，就是人脉。可以说，人脉是好是坏，决定着一个人的事业是否能够成功。中国俗语中的“朋友多了路好走”，所强调的就是这种人脉的营造。《水浒传》本身就是中国古典名著中一部有关人脉与人际关系的小说。在这个世界里，活动着众多千差万别的江湖人士，而这些人有一个共同的人脉营造标准：“四海之内皆兄弟”。

梁山首领宋江的借力之术：用金钱之力打动人心

如果你阅读过这本小说，你便会发现，梁山英雄之间互相交往的模式，首先是结拜。这种结拜不分贵贱、不分阶层：其中有“帝子神孙、富豪将吏”，更有“三教九流，乃至猎户渔人，屠儿刽子”，而他们之间，所使用的称呼，都是“哥哥”、“弟弟”。这种结拜模式固然有其时代局限性，但是，在当时那种时代大背景之下，却是营造有利于自我发展的人际关系的最好方法：在封建专制的体制之下，若是本人没有出身与资历等政治资源能够利用的话，想要获得成功,那你便必须要具有良好的人脉关系——在这种人脉的帮助下，水浒中的众人借力使力，达到了自己的目的。而其中，利用这种人际最成功的莫过于宋江。

梁山好汉“石将军”石勇曾经说过：“老爷天下只让得两个人，其余的都把来做脚下的泥……只除了这两人，便是大宋皇帝，也不怕他。”而石勇所承让的其中一人,便是宋江。江湖中有不少好汉都有此心理。宋江素有“及时雨”之称，在整部《水浒传》中，总是不断地有这样的情节出现：英雄们一听是宋江，“纳头便拜”，口称：“久闻哥哥大名，今日得缘相见。”可以说，宋江的拥护者极多，他在江湖上的威望，非一般人能够企及。

其实，细细研读之下，我们便会发现，宋江的“及时雨”之称，靠的是自己长时间的仗义疏财。

在初识武松之时，武松正值人生最落魄之际，宋江看到衣衫褴褛的他，二话不说，便拿出了银两给武松做衣服，使武松感受到了父兄一般的慈爱。当武松告别宋江，回家探亲之时，宋江又执手相送，并再送他十两银子。一向男儿气概的武松不由得掉了眼泪。

当时，十两银子是怎样的概念？我们同样可以在《水浒传》中找到答案：为了动员兄弟去抢生辰纲，吴用到石碣村时，掏出了一两银子，便买下了一大瓮酒、两只大鸡、二十斤生、熟牛肉。由此足以见到，十两银子可使普通人解除生活之忧。

首次见到李逵，李逵正好赌博输了钱，宋江随手取出银子给了他。李逵虽然头脑简单，却也不由细细思索：“难得宋江哥哥，又不曾和我深交，便借我十两银子，果然仗义疏财，名不虚传。”也正是因为这一次的交往，令李逵成为了宋江日后最忠诚的支持者之一。之后，宋江与李逵、张顺等人到江边喝酒，在酒席散了之后，宋江知道李逵身无分文，又将一锭五十两的大银给了李逵。

其实，宋江的好名声并不仅仅局限于英雄好汉，他在对待一般的无赖、落难的公人、普通的歌姬同样如此。病大虫薛永在街头耍枪棒、卖膏药时便得过宋江的五两资助；卖糟腌的唐牛儿也常得宋江的资助；当宋江落难被围捕时，他也不忘记送些钱物打点公人；浔阳江边，李逵误将卖唱女子打晕，宋江不仅责备李逵，更慷慨解囊给那女子二十两银子："日后嫁个良人，免在这里卖唱。"

在整部《水浒》中，宋江送人银钱的记录多达二十几次。由此也可以看出，在江湖中他以仗义疏财赢得拥护也是绝对属实的。可以说，宋江是一个懂得如何将钱花在刀刃上的人。他使用自己的财产，建立起了一个庞大的人脉网络，并最终在这个网络中，使自己成为了一呼百应的江湖老大。在建立起自己的人脉关系时，宋江借了金钱之力，买到了人心，获得了与日俱增的支持率与认同度，而在这些朋友的帮助之下，他也成为了整部小说中最得人心者。

水浒关系网：靠上大山头，方占绝对优势

其实，透过宋江的人际网络我们可以看到渗透整个梁山的交友法则：保持自己在山头上的优势。而这种手法一般通过两个渠道来实现：

结交死党：包括宋江、武松、孙二娘在内的聪明人都有自己的小团体。这些小团体成员就是他们的死党，死党往往可以在个人陷入困境时，伸手相助，李逵便是宋江最硬的死党：他对宋江可谓是言听计听，直到最后喝下毒酒那一刻，他也只是说："死了只是哥哥身边的一个小鬼"。可以说，如果没有了这种死党关系，一百零八将里便很难凸显出这些人。

利益相交：其他私交不深的人在梁山之所以能够受到重视，则多半属于利益上的结交。江湖好汉间，讲究的是兄弟义气，朝廷降将间渴望的是再次被朝廷招安。

一个小小的梁山人际关系网便如此复杂，人与人之间的借力使力便已如此深奥，延伸到我们的生活中，往往可以发现更多的人脉要点。

看清自己的人际关系要点

你或许从来没有对自己的人脉资源按重要程度进行分层，但事实上，这种分层可以有助于你看清自己的人际关系要点，使你清楚，在当下或者未来的一段时间里，哪些人对你的工作、生活是最有利的。大致而言，如果对自己的人脉资源进行区别设定的话，它大体可以分为以下三级：

1. 核心性关系

这一阶层的关系，就如同吴用、李逵对于宋江的关系一样：他们可以对宋江的事业、生活起到关键性甚至是决定性的作用。具体地判断出这类关系，需要你根据当下自己所处的位置、事业阶段与未来发展方向的不同来进行界定。若你是某个公司的业务经理，那么，你的核心关系就是你的直接上司、老板、关键的手下、同事与那些最重要的客户，因为他们会对你在公司的业绩产生直接的影响，更会直接决定你事业上的发展走向。

2. 紧密性关系

紧密性关系多半建立在核心关系的基础之上，它是核心关系的进一步扩展。属于这一阶层的人往往与你在生活中处于同样的境地中，他们与你拥有较为紧密的合作，他们的身份可能是你的同事、其他部门的领导、重点的客户、普通的下属，以及你的朋友、老师或者同学等。亲密的家人也属于这一领域之中。

3. 松散和备用关系

这一层的关系往往对个人当下的影响并不明显，它们一般是指那些眼下还未对自己形成重要影响，但是未来有可能派上用场的人脉资源，比如那些有发展潜力的客户、同事、下属、同学或朋友。他们一般属于我们人脉圈子中需要去联系的人物，或是属于我们需要假以时日去观察的人物，但是却暂时不需要投入太大的精力与成本去进行深交。

通过分层看清了自己的人际关系要点以后，我们便能够深入地去对自己的人脉网络营造进行探讨。

营造人脉的成功秘密

其实不仅仅是《水浒传》，所有成功者的个人经历几乎都离不开借力使力：当然，在这种借力的过程中，如何才能正确地借力，如何才能使借到的力发挥最大的作用，也是我们需要在接下来的人脉营造中去细心留意的问题。

2 审视他人，便能明白成功的秘密

在短暂的人生旅途中，不管你所追求的是什么，你都无法离开人脉的介入而单独成功。在许多成功者的人生中，你都能够看到这一铁律。

奥巴马：穷孩子如何登上权力巅峰

贝拉克·奥巴马在美国创造了一个奇迹：一个在单亲家庭中成长起来的孩子，一个黑白混血儿，一个在大多数人怀疑的目光中赢得了大部分国民支持的人，成为了美国建国以来首个具有黑人血统的总统。接下来，我们需要去思考的是：他是如何做到这一点的？

奥巴马写过一本名为《来自父亲的梦想》的自传。在这本书中，他清楚地认识到了黑人血统给自己带来的种种不便，作为一个混血儿，他在矛盾中不断地寻找着自己的定位，而篮球就是他最好的心灵避难所。从儿时起，他就发现，篮球场是自己结识白人密友的最好地方，因为在那里，黑色的肤色不会给他带来任何的劣势。

在大学毕业以后，奥巴马来到了芝加哥，并在这里接受了一份收入极低的工作——帮助南部贫民参政，使上层统治阶级可以听到他们的声音。也正是在这里，奥巴马发现了人脉的重要性。他不断地认识各个阶层的人，同时将那些支持黑人参政的人列为自己的主要交往对象。在此期间，他与不少有政治影响力的人与有能力进行政治捐款者成为了好友，并且与他们建立起了同盟关系。

2002年，奥巴马成功当选联邦参议员，并成为了民主党内冉冉升起的政治新星，而他所依靠的，也是自己多年以来培养的人脉关系：当年，他竞选阵营中的顶级顾问戴维•阿克塞尔罗德是他交往了近20年的好友；而后来被他宣布为未来白宫办公厅主任的拉默•伊曼纽尔，则与他同在伊利诺伊州担任国会众议员职位。

在决定正式参与总统一职角逐之后，奥巴马更是用心地营造出自己值得他人信赖的形象，同时不断地发动着自己从前费心营造出来的人脉关系。他不断地使周围的人相信，自己能够为美国带来新的生机。

随着这种信任的不断加深，越来越多的商界与政治界精英加入了支持奥巴马的阵营中。其中一个是后来为其寻找副总统竞选搭档的卡罗琳•肯尼迪，而她依靠自己那个曾经担任过总统的父亲约翰•肯尼迪的力量，为奥巴马成功在上流社会中造势；另一个则是掌管美国最大对冲基金之一Citadel投资集团的亿万富翁肯•格里芬——他的加入，使奥巴马团队获得了充足的竞选资金。

可以说，从决定参政到后来当选总统，作为少数族裔候选人，奥巴马创造的奇迹不仅与他个人的努力相关，更与他背后强大的人脉息息相关。

你可以将自己的人生与奥巴马的人生进行对照，也可以拿自己的人生与其他成功者的人生对照，只要细心，你都能发现这样的规律：这些成功者之所以会获得财富与成功，原因并不仅仅是因为他们付出得更多、智力上更出众，而是因为他们背后的人际网络在不断地推动着他们前行。

人脉是人生的秘密武器

在14世纪，风琴属于绝对意义上的奢侈品，当时即使是富裕家庭也不一定能拥有，只有在教堂里才能见到风琴。虽然当时的风琴极为昂贵，但外形却极为蠢笨：它无法自行发声，而是需要一个人在幕后鼓风：没有了鼓风的人，风琴便会沦为摆设品。

很多时候，人脉就如同“鼓风”之人一样，属于无形的资产与潜在的财富，它们的作用往往会因为久居幕后而被人们忽视；只有它们真正发挥作用时，人们才会意识到其存在的真正价值。换言之，人脉是人生中的秘密武器，它并非直接财富，但是若失去了它，你便很难成功。

比尔·盖茨在成为世界上最富有的人之后，许多人都认为，他所凭借的是自己对新技术以及对互联网经济发展的准确预测。几乎人人都相信了这样的话：微软的崛起依靠的是比尔·盖茨在计算机上所拥有的天才能力。

的确，在微软发展的过程中，比尔·盖茨个人发挥了重要作用。只是，他的成功并非完全依靠个人的能力，而是更多地受益于他丰富的人脉资产。

从哈佛退学以后，比尔·盖茨创立了微软公司。他所承接的第一个项目是为小型计算机设计一个 BASIC 语言。在五个星期过后，他的 BASIC 语言设计成功。

当时，苹果公司发展势头正劲，IT 巨人 IBM 也在为不敌对方而发愁，PC 机的发明使 IBM 从中看到了未来 IT 市场的巨大商机，于是决定将触角伸向其中。

此时，盖茨得知消息后，立即决定对 BASIC 语言进行修改，并从另一家公司买下了 DOS。当盖茨拿着自己设计出的 DOS 系统到 IBM 公司进行推销时，IBM 起初并没有打算和他合作。因为当时美国的电脑天才层出不穷，而微软公司也只不过是一个新开的小公司而已。后来的结果大家都知道，IBM 最终与盖茨签下了一份大订单。

不要受到一般励志书的蛊惑，认为是盖茨的努力赢得了 IBM 的青睐，事实是：盖茨的母亲是 IBM 的董事，母亲将儿子介绍给了 IBM 的董事长，在董事长的首肯之下，IBM 的董事会方同意了与盖茨合作，微软才有机会发展成为现如今全球最大的 IT 公司之一。

其实，人脉资产在比尔·盖茨的创富神话中体现的强大推动力绝不仅限于此。当他决定进军日本市场时，一个名叫彦西的日本朋友为他讲解了许多日本IT市场的特点，这使盖茨能够更好地把握产品的特点，更从容地去开辟市场。所以我们说，决定一个人是否能够成功的关键并不在于你积累了多少经验、拥有多少启动资金。这些只是你成功的重要条件，而不是决定性条件，决定性条件在于，你认识多少人，结识了多少朋友。而这些，才是你终身受用的潜在财富与无形的资产。

营造人脉的成功秘密

社会上许多成功者看似没有付出多大的努力，但他们却拥有着超乎凡人的人格魅力，总有一群人为他们奔前走后，他们在社会里八面玲珑、左右逢源，仿佛成功的机会均是为他们准备的。他们的成功，关键在于他们背后强大的人脉网络的推动。看到这一事实、重视这一事实，并学会去运用这一铁律，你才能乘势而上。

3 谁决定着你的未来走向

年轻时，我们总是会保持意气风发的精神状态，在做事时，功利性往往极小，特别是在交友方面更是如此。建立人脉时，我们往往靠着是否投缘、是否讲义气来进行交友与择友。当然，多交一些重义气、志趣相投的朋友并没有错，也是一种不错的选择。但是如果你期望能够在自己所属的领域中出人头地的话，你便需要明白，那些决定着你未来走向的人到底是谁。

正视印刻效应，选择正确的朋友

从年轻时开始，你就应该明白，自己的梦想是什么，自己应该与什么样的人在一起，因为你和谁在一起非常重要：它甚至可以改变你的成长轨迹，决定你最终的人生成败。

一百多年以前，德国行为学家海因罗特曾经进行过一项非常有趣的实验，在经过了长期的观察之后，他发现，那些刚刚破壳而出的小鹅总是会本能地跟随在它第一眼看到的东西后面。假如它第一眼看到的并不是自己的母亲，而是其他的活动体，比如，一只猫、一条狗，或者一个会动的玩具鹅，它也会自动地跟随其后。更值得一提的是，当小鹅对这一物体的跟随反应形成后，便很难再去矫正它。即使是自己真正的妈妈出现，它也往往不会再改变心意。

海因罗特就此得出结论认为，这种跟随反应造成的影响是无法逆转的，也就是说，小鹅只承认第一、无视第二。后来，这种现象被另一位德国行为学家洛伦兹称为"印刻效应"。在现实生活中，"印刻效应"其实并不少见。

例如，有人喜欢与有酗酒、赌博习惯的人在一起厮混，那么他往往不可能进取；有人总是与钻营的人为伙，他往往无法踏实工作；有人习惯与牢骚满腹的人对话，他自己也多半会变得抱怨无数；经常与重视金钱的人交往，他便会沦为唯利是图、见利忘义、见财起意之辈。

这些事实一再地告诉我们：你选择了怎样的朋友，你便会拥有怎样的未来。若你的朋友积极向上，那么，你很可能会成为积极向上的人。若你期望自己更加成功，那么，你便应选择比自己更成功的朋友，因为他们能够提供给你更加成功的经验。假如，你总是跟随着同样的人去做同样的事情，那么，你的成长很显然是非常有限的。

这也正与那句俗语相符合：你能走多远，往往取决于你能与谁同行。

在德国罗斯柴尔德家族的身上，你完全可以再一次证明这种"印刻效应"的正确性。

最初时，老罗斯柴尔德仅仅是欧洲一个名不见经传的古董商，可他拥有着鸿鹄之志。为了进一步实现自己的远大理想，他开始在当时德国的各个公国进行周游，并结识了在当时已经拥有德国王位继承权的威廉王子。威廉王子对古玩有着特别的喜好。罗斯柴尔德便将自己多年来一直珍藏的古玩倾囊相赠。作为回报，威廉王子允许他在自家领地里出售商品，而在其店铺的匾额上赫然写着“王室指定供应商”。也正是因为这一匾额的力量，使罗斯柴尔德的店中聚拢了当时欧洲大批的王宫贵族。他的财富与日俱增，不久之后，他便成为了威廉王子的宫廷银行家，同时得以与许多的德国政要结识。

从自身的经历中，老罗斯柴尔德悟出了这样的道理：想要在激烈的竞争中取胜，便必须与强者相交。在去世前，他留下了“同国王一起散步”的家训。

老罗斯柴尔德家族的接班人秉承了这一家族传统，甚至比自己的祖先做得更加出色。罗斯柴尔德家族的子孙们个个都是欧洲王室政要的座上宾，他们与上流社会建立起了极其密切的关系。尼桑在英国官场中人缘极好，他用极低的价钱从英国购买工业品，再贩运到美洲大陆，以数倍的高价出售；詹姆士与法国国王有着种种联系，并对法国重大决策的出台了如指掌；萨洛蒙几乎包揽了奥匈帝国所有王室的所有私人金融业务；卡尔在意大利金融界翻云覆雨；阿姆谢尔更是拥有无数的显赫头衔：奥地利男爵、普鲁士王国宫廷银行家兼国王商务顾问和巴伐利亚领事等。

“同国王一起散步”的家族传统，使罗斯柴尔德家族在经营方面受益匪浅。在19世纪的一百年间，单是国债一项，罗斯柴尔德家族就赚了1.3亿多英镑。

你是谁并不重要，重要的是，你和谁在一起。有不少人认为，积攒人脉仅仅对于管理、销售等工作岗位非常重要，但事实上，随着市场竞争的日趋激烈，人生赛场上的不确定因素越来越多。若是你期望自己的事业始终呈现出螺旋上升的良好态势，你便必须要接受积极的暗示：与比自己优秀的人在一起，你便有可能成为优秀的人。假如你期望自己变得更好，那么，你便应该去结交比自己更优秀的朋友。

为自己绘制一张人脉关系网络图

人脉关系网络图的重要性在于，它可以让你早日做好人脉的经营工作，明确自我人脉资源中每一个人的能力与作用。这张网络图不仅可以使你的人脉资源在关键时刻真正发挥作用，而且能使你有条不紊地做好人脉资源的拓展与维护。

你的人脉资源网络图绝不应仅仅是一个简单的通讯录，而应是一个详细的人际交往表。在这个表格中，不仅要有朋友的能力，更要有朋友的自身情况、习惯、特点，联系方式中的手机、固话不能少，因为这些实时联系方式在日后会起到非常重要的作用。

人脉资源网络图中的项目、内容越多越详尽越好。不过，想要绘制一张内容翔实、条理清晰的人脉资源网络图，需要细心、耐心，更要有恒心，因为只有不断积累，才能真正做好人脉经营工作。

精心绘制人脉资源网络图，其实是对人脉资源的有效整合。人脉资源包含很多内容，比如根据动态变化，可以分为现在时人脉资源和将来时人脉资源等；根据所起作用的不同，可以分为政府人脉资源、金融人脉资源、行业人脉资源、技术人脉资源、思想智囊人脉资源、媒体人脉资源、客户人脉资源，等等；按展次划分，可分为高层人脉资源（如老板、上司）、低层人脉资源（如同事、下属）等。

一个人的精力、时间是有限的，通过人脉资源网络图来合理、巧妙地进行安排，与朋友保持适当的联系是最重要的。而另一方面，如果你能够根据朋友所在行业、所拥有优势、个人的先天个性特点进行分类的话，你的人脉资源网络图便会显得更加翔实而有用。

经营人脉需要细心、耐心和恒心，积累人脉资源是一项长期、复杂的工作，任何人都不可能一蹴而就，而绘制一张人脉资源网络图，更是经营好人脉必不可少的准备。

营造人脉的成功秘密

与什么样的人在一起，你便会拥有什么样的人生：和积极的人在一起，你不会消沉；与智者在一起，你会不同凡响；与高人在一起，你会登上巅峰。家庭如此，事业更是如此，从这一意义上来说，你的人脉圈子直接决定你的未来走向。

4 想想自己花了多少精力在关键性力量上

谁都想出生在如王永庆、李嘉诚这样的富豪之家，但是出身贫寒还是富贵，对于世人而言是无法选择的。羡慕或嫉妒没有用，与其幻想虚无的一切，不如自己想办法去改变。我们虽然无法改变自己或穷苦、或平凡的出身，但是却能够借助于人际关系，使自己的命运获得改变。若你在成年或有能力以后，依然贫困，而且一直在慨叹世事不公、无人愿意伸手相助自己的话，不如静下心来想一下，你真的将精力花在了正确的人脉力量营造上吗？

为什么你遇难无人愿意帮？

重视人际的作用在于，你不需要在自己遇到了困难的时候，感慨为什么没有人愿意伸手相助自己。

英国著名的人际专家格雷格曾经遇到过一位这样的客户：这位名叫亚当的男人来自伦敦的一家大型销售公司，他是该公司的股东之一。从20世纪80年代开始，他便进入了销售行业，并且凭借着自己出色的销售技能，成为各大公司争相抢夺的优秀销售人才。而他并不仅仅满足于此，他一直在筹划着，看什么时候能够开一家属于自己的公司。不得不说，亚当是一位拥有远大理想与超凡能力的人。

2007年，亚当的这一愿望终于实现了。他从原来的公司离职之后，与另两个朋友一起，各拿出了几十万英镑，成立了现在的这家公司。在第一年的时候，公司的业绩极为喜人。但是随着经营时间的延长，公司的业绩却走上了下坡路，公司业务越来越少，眼看辛苦创建的公司马上就要倒闭了。

在找到格雷格时，正是亚当心情最烦躁的时候："我的合伙人要求撤资，我同意了，我不想让他们觉得，自己要垮了还要拉上他们。如今，公司只剩下我一个人在苦苦支撑。"

格雷格问他："你认为自己遇到的最大困难在哪里？"

"眼下，我需要一大笔现金来支付公司近期的亏损。我们已经连续两个月没有给员工发放工资了，而且公司的房租也快到期，可我的手里只剩下了一万多英镑。这个数字与我所需要的资金相差甚远。但是，当我开口向别人借钱时，却没有人愿意帮助我。"

亚当所遇到的麻烦其实是人际关系上的麻烦：此时他的人脉应该派上用场，但很遗憾，在他面临了人生的困境时，不仅合伙人抛弃了他，平日里的朋友也没有一个愿意帮助他。

当我们因为某些原因陷入困境时，很多人都会发出像亚当一样的疑问："为什么没有人愿意帮助我？"事实上，我们可以发现，在这些无人肯帮的人中，他们的人脉多半呈现为停滞的状态。他们身边或许有大堆的朋友，但是却没有一个关键性的力量，能够在他们身处困难之中时，提供他们所需要的资源去帮助他们。如何才能摆脱这种困境？这一问题成为了困扰许多人的问题。

看准关键性力量，建立有价值的人

我们期望大家能够了解的是：能够促进个人成长的"优秀人脉"与私人的人脉完全是两个不同的概念，也绝对不是凭借名流的数量能够争夺高下、辨别优劣的。或许，你平日里朋友很多，但是，若这种朋友关系与你并没有直接意义上的利益相交，或者仅仅是学生时代的某个同班同学等，那么，即使两人能够发展出良好的关系，对方也未必真的能够对你的个人发展提供有建设性的意见。

你所拥有的人脉网络仅仅是代表你与这些人之间有着一定的联系，这会增加你未来成功的可能性，但是他们未必真的会对你的成功起到决定性的作用。特别是在当下，有些人习惯性地远离麻烦。而当你需要帮助时，你若贸然地从自己的人脉中随便找一个人来帮助自己，那你必然会遭遇失败。

之所以不能随便找人帮忙的原因很简单：

人脉网络中，并非所有人都在意你的梦想与你的人生状况；

随便找到的人往往会不可靠，他们会站在自己的利益角度去考虑问题，而不会考虑你的得失；

随便的一个人不了解你，他们多半会忙着去处理自己的事务，而不会停下来去帮助你。

改变那种遭遇了困境就随便找人帮忙的方法吧，你求助的对象应该是你的关键性力量，而不是随便什么人。

我们最需要的，是那种能够与自己建立起"互惠互利"关系的朋友网络。如果无法建立起这样的关系，那么，人脉中的相互帮助关系便永远无法达成。

一个"互惠互利"的关系网络主要特点有以下几种：

（1）平日里与你拥有频繁而紧密的联系，你们之间拥有亲密的关系；

（2）对方拥有强大的智慧或是经济实力，能够在关键时刻为你提供帮助；

（3）你们拥有相同或相似的人生价值观，而且彼此之间理解对方的事业与内心。

当你身处困境中时，你会发现，这些关键性的力量会让你摆脱心灵上的阴影，并会向你传达一些警示性的信息。他们会在你身处困境时做到这些内容：

在你的身边不离不弃，直到你走出困境为止。当你面对生活感到困惑与迷茫时，他们会将其中的真相指出来、告诉你，并会珍惜你独一无二的个性，对你所取得的成就进行尊重，并会呵护你的追求与梦想。

他们会在你走向危险的道路时，将你一把拉回来，并重新向你提出更好的建议，向你指出最佳的前进方向。他们明白你的想法，理解你的内心，同时会时时提醒你：只要努力，未来便会有希望。

他们知道，什么样的你是最真实的。在他们的面前，你不需要去掩饰自己，当你遭遇了现实生活中破坏性的力量时，他们会保存你最真实的一面，并会支持你重返这种真实。

你在这些力量上花了多少精力？你还是一直在花时间收集一些无所谓的名片吗？事实上，与其投入时间去联系那些对你根本无关紧要的人，不如多联系自己的关键性力量，因为在你真正需要的时候，只有这种人脉会成为你生活的支撑。

也正是基于这一角度，你需要明确这样的事实：培养自己的关键性力量，同时帮助他们去实现他们的人生目标与理想，这才是你日后摆脱困境的关键所在。

营造人脉的成功秘密

现在，翻开自己的通讯录，检查一下自己的人脉网络吧！在你所有的关系里，细细地看一下：你有多少关键性的力量？如果你的这种力量非常稀缺的话，那么，你日后遇到麻烦时，孤身奋战的可能性就大。不要再慨叹命运的不公了，现在你已经发现了自己的问题在哪里，不如有针对性地去结识这方面的力量吧！只要你从现在开始，每一步都朝着这个方向不断地努力，你便是在为自己的未来积累雄厚的人脉力量。

5 不懂筹划未来者才会认为“不求人便是强者”

不管现代社会如何强调人脉的重要性，总有那么一群人长期信奉“万事不求人”的做事准则，在他们看来，不求人便能够证明自己在生活中是彻彻底底的强者。可是，人脉方面的空白往往会在未来某一时刻发挥出它的破坏性力量，有朝一日，你会因为自己的人脉几乎为零而后悔不已。

人脉的力量永远无可估量

与做生意一样，不求人并不代表你是强者。相反，真正的强者往往会借助于与自己相匹配的人脉资源，为自己筹划出更灿烂的未来。

许多成功者都认同在人脉中获得帮助是个人事业成功的关键性因素。有关这一点，美国杂志界的奇葩埃德沃·波特显然有着独特的体会。

外人可能很难想象，埃德沃·波特曾经只是一个仅仅读过六年书的波兰难民。

当年，埃德沃因为要补贴家用，辍学到一家电信公司上班，彼时的他只有13岁。虽然他在辍学以后，失去了系统地接受教育的机会，但是，在工作的闲余时间里，他一直在坚持着努力地进行学习，不断地加强自身的修养，提升自我学识的修炼。在连续多日的省吃俭用之后，埃德沃终于省下了一笔钱，买了一套《全美名流人物传记全集》。拿着这本有关美国最上流社会的成功人士的传记，埃德沃做了一件从来没有人做过的事情：他按着书中的名人姓名，一一地查找他们的地址，并直接给这些人写信，并向他们询问，在他们的童年是否经历过一些不为人知的童年往事。

成名以后，埃德沃回忆起这段时光时说，他曾经给当时的美国总统候选人哥菲德将军写信说，他是否真的在拖船上工作过。他还曾经给格兰特将军写信，向他询问有关南北战争的事情。

虽然当时的埃德沃只有14岁，而且他的收入也极为微薄，但是，利用这种方法，他结识了许多当时美国极有威望的大人物。这些人中不仅有最出色的作家与哲学家，更有手握重权的军政要员与一些大富翁等。而那些社会名流也非常乐于在一些有关人生走向的问题上，给这位充满好奇心的波兰小孩子一些建议。

在成功地获得了名人的接见以后，埃德沃就此立下壮志：一定要让自己做出一番事业。为此，他不断地努力练笔，然后向那些上流社会的名人们毛遂自荐。在这一过程中，那些曾经与埃德沃通信的成功人士所起到的作用无疑是巨大的。在埃德沃正式成为传记作家之后，一时之间，请他写传记的订单如同雪片一般。

不久，埃德沃被美国一家名为《家庭妇女》的杂志聘为编辑，这个富有传奇色彩的男孩在这里一干就是30年。30年的时间里，他成功地将这份杂志变成了全美销量最高的妇女刊物。

若你心存壮志，但眼下却身处逆境之中，那么，想要在短时间内获得较大成就的最重要因素就在于，不断地为自己积累人脉，不断地在这些人脉中寻求有利于自己发展的新机会，在这种情况下，求人并非一件丢脸的事情，而是能够促进你的未来发展、理想实现的最有力方法。

你为什么获得不了帮助？

你或许还没有意识到，寻找到适合自己的人脉有多么重要。你或许安于现状，并担心自己的人脉建设之路会失败。的确，做一些不确定的事情，将自己的精力投入到有可能获得不了回报的事情上，你不可能连一点儿担心都没有，可是，这个过程本身就是一个为自己赢得愉悦的过程，你只需要避免将这种快乐转化为焦虑——焦虑只会让你不断地相信，求人是一种自我脆弱的表现，只有弱者才会这样做。这样的想法只会让你陷入人际噩梦之中，而无法让你看到，人脉对你有多么重要。

大多数的人之所以无法从人脉中获得有效的帮助，原因有二：

（1）他们求助了，但是却没有找对求助的对象。从一定程度上来讲，人们向他人求助的时候，内心多少会存在弱势。如果他们求助的力量是朋友以外的其他人，那么，对方肯帮助的几率就会大大下降。在得不到帮助的打击之下，他们对人脉的期望便会进一步下降。

（2）没有人生目标与理想，有些人即使向朋友寻求了帮助，也往往无法将自己求助的目的说明确。而这种情况很容易让朋友陷入困境中：如果他你连想做什么都不知道，他怎么能够给你帮助？

就算你已经改变了那种“万事不求人，方是人上人”的想法，也不意味着你能够成功地筹划自己的未来、从容地运用人脉去达到自己的目的。想要在未来与人脉之间搭建起一个成功的桥梁，你需要用到以下建议：

1. 注意那些在你的人生中反复出现的梦想

你需要记住，如果你总是在做自己不喜欢的事情，你永远都不会成功。

英国著名首相温斯顿·丘吉尔在年轻时有一个梦想，他认为英国总有一天会处于水深火热之中，而他会作为世人眼中的英雄，被请求去拯救这个国家。他屡次将这个梦想告诉一些朋友，可他们都认为这个梦想就如同儿时我们所看的喜剧小说中那些超级英雄的一般，非常小儿科。

面对这些不解与嘲笑，这位未来的首相回应道：“我相信命运！当命运降临之时，你必须服从。”接下来的多年时间里，丘吉尔一直在让自己的人生服从自己的梦想，引导并帮助他为未来做好充分准备，直到最后，梦想终于成真：当纳粹德国对英国全面发起攻击之时，丘吉尔确实拯救了这个国家。

每一个人都有自己的梦想，有些梦想属于一时兴起，有些则是独一无二的。对于那种只属于你自己的、反复出现的梦想，你需要大声地告诉自己，同时去勇敢地放弃当下生活中的一些糟粕。这种梦想是你清醒的时候会去专注的事情，换句话说，一旦你的脑海中浮现这样的场景，它们便会吸引你的注意力，令你产生共鸣。

此时，你需要记住《圣经》中的话："别在猪面前投掷珍珠！"而这里的"猪"正是指那些自己没有梦想、也不期望别人有梦想的消极人物。他们是偷窃美好的人，在自己的人脉中剔除这些人，你才能更好地保存自己的梦想，保持前进的动力。

2. 保持自己的信念

信念是指相信自己所坚持的一切。几乎所有的人认为世界是平的，但哥伦布相信世界是圆的；农民不管在什么时候都相信，自己种在泥土里的种子一定会有好的收成，你也应该抱有这样的信念，你播种下来的种子最后一定会五谷丰登。在拥有信念支持的情况下，你方能获得强大的自我能量。

3. 充满自信

或许，你曾经经历过这样的时刻：不得不去面对某一种情况，不得不去做出一个决定。在这种时刻，一些生性犹豫的人必然会显现出自己不太果断、不太坚定的一面。他们属于"骑墙派"——总是等着别人为自己指明方向。

在向自己的人脉求助时，做好充分的准备，同时保持十足的自信，能够促进他人乐于帮助你。可以说，在向人脉求助时，你是否能够表现出勇敢与果断，是你成功的关键。人们都相信那些深怀自信的人，因为与他们在一起，就算是需要担当一定的风险，他们也能够让人有安心的感觉。

4. 勇敢地去做

勇敢地去做看似简单，但其背后凝聚了千千万万个梦想。有时候，你需要停止考虑过多，否则，你将无法看到更好的视野；有时候，你需要让自己停止过多地准备，因为太多的学识只会让你陷入困境之中；当然，有些时候，你也需要停止一味的期待，你需要行动，你需要跳出来，向前勇敢地迈出一步，因为只有勇敢地去实践、勇敢地去冒险，你才有机会让自己的梦想成真。

5. 勇敢地迈出求助的第一步

许多成功人士之所以能够获得可观的成就，原因就在于他们勇敢地迈出了第一步：向自己的人脉大胆地求助，并从中获得物质或精神上的帮助。勇敢地迈出求助的第一步，往往需要自我内心强烈的社交欲望与对自我才华的展示渴望，没有了这种欲望，对自我才华缺乏自认，就算有许多人想要帮助你，你也有可能因为羞于开口而不敢提出请求，在沉默和犹豫中失去很多宝贵的机会。最终的结果会是：你是一个极有希望成功的人，但是却没有成功。

当你一一做到了以上几点以后，你会发现，在人脉中愿意向你提供帮助的人并不少，而你也会因为这种帮助获得事业与人生上的进步。

营造人脉的成功秘密

一个人在获得成功的过程中，往往会受到很多因素的影响，但是决定性因素永远掌握在自己的手中，即一个人是否能够获得成功，往往是由自身的因素所决定的。个人是否懂得筹划自己的未来，是否能够看到人脉中所隐藏的真实价值，对于人脉营造的意义来说尤其关键。

6 失去饥饿感便看不到隐性的机会

工作中保持适当的饥饿感可以帮助你更快地超越自己；恋爱时保持一定的饥饿感，可以带给自己与爱人一种新的快乐与惊喜；而生活中我们更要保持适当的饥饿感，因为只有这样，我们才不会对生活感到乏味，才会保持对生活的乐趣。同样，人际交往中，我们也应保持一定的饥饿感，唯有如此，才能看到那些最有利于自我的人脉关系。

你是不是人脉圈子中的“温水青蛙”？

管理学中有这样一则经典案例：若你将一只青蛙放入沸水之中，它会纵身跳出；但若你将这只青蛙放入温水之中，它却会感到很舒服，当你不断地使用小火对水慢慢加热时，青蛙会毫无知觉。随着水温的升高，青蛙会慢慢地失去自我脱险的能力了，并最终被热水煮熟。

在第二种情况下，为什么青蛙无法跳出温水？这是因为，青蛙内部感应威胁的器官，只能感受到剧烈的环境变化，但是对于那种渐进式的、缓慢的环境变化却无法做出及时的感应，而这也正是人们常说的“青蛙效应”。

在此，“青蛙效应”也使世人再次想起了那一句老话：生于忧患，死于安乐。随着现代生活的节奏日益加快，我们所面临的生存环境竞争越来越激烈，如果总是处于一种过于安逸的环境中，看不到外界激烈的市场竞争，随着时间的流逝，我们便会如同温水青蛙一样，失去了危机感，丧失了竞争意识。

不要以为这种情况在人际交往中并不存在，事实上，它真实地发生在我们的身边：

伊丽莎白是一家公司的普通文员，在毕业一段时间以后，她已经渐渐地失去了对未来的冲劲。每天，她感觉最快乐的事情，就是在忙碌了一天之后，回到家中，与家人一起聊聊天；在假日里，与三五好友相约去逛街。她对这种平静如水的生活早已习惯，并认为，自己以后的一生都会这样度过。

可是，因为经济不景气，伊丽莎白所在的公司倒闭了。身边的同事们或是依托于从前的客户关系，或是借助于朋友的帮助，或是依托于从前早就搜集好的资料，快速地找到了新的职位。但伊丽莎白迟迟未能找到合适的工作，此时的她才惊讶地发现，自己已经有长达三年的时间没有认识过任何一个新的朋友了，而这种人脉上的匮乏无疑让她在未来的职业之路上障碍重重——因为她发现，目前类似于文员、秘书一类的稳定职位很少招聘，最需要人的反而是那种需要极佳交际能力、有大量人脉资源的业务类职位。

这便是人际交往中的人人都有可能遭遇到的“青蛙效应”：我们因为习惯，因为畏惧与陌生人交流，便不再去结识新的朋友。这种自我禁锢，使我们看不到新的景色，更无法接触到新的发展机会。人际中保持一定的饥饿感，能够让自己远离“青蛙效应”，更能够使自己避免在熟人圈子中过度安逸，提高自己对外界环境的敏锐性与应变力，同时增强自我竞争力，这对自我发展与个人人脉圈的营造皆有莫大的好处。

远离温水青蛙，走出人脉困局

远离温水青蛙的一个最重要方法就是，让自己看到眼下有可能对自我人脉发展形成阻碍的因素，同时，想尽一切方法去规避自己有可能遭遇的困局。细细数来便会发现，一个人在人生中有可能遇到的温水式人脉困局大概有以下几种：

1. 人脉虽然丰富，但杂乱无章

随着个人的成长，一个人结交的朋友当然会越来越多。除了那些生性孤僻的人以外，几乎每一个人都会有一个丰富的人脉库。可是，有些人并未对这些宝贵的人脉资源进行有效的整理，他们只是单纯地将他人的名片收集起来、电话号码保存起来。

这种困局的危害在于，它会让你手忙脚乱，当你在一堆人名与电话号码中整理不出头绪时，你势必会对人脉产生无力感，而这种无力感会让你渐渐地厌倦人际交往，更会让你再也不想去深入探究到底哪条人脉对自己才是最重要的。

2. 本末倒置，忽视了那些最重要的少数关系

意大利经济学家帕累托曾经提出过著名的“二八定律”，简单来说，二八定律是指，“二”虽然少但多是精英，“八”虽然多却普通。不管在何种特定的群体中，重要的部分总是占据了少数，不重要的则占据了大多数。因此，你只要将重要的少数控制好，你便能控制全局。

可是，有些人在面对人脉时，过于习惯于不断地扩大自己的交际圈，他们习惯于将自己的时间、精力花费在一些并不重要的人与事上。之所以会有这种情况出现，根本原因就在于，他们对人脉资源缺乏足够的认识。而这一困局所带给我们的警示就在于：保持饥饿感，并将这种饥饿感恰当地运用在最关键的人脉上，付出较多的精力，尽可能地与自己人生中的“二”进行更

多的交往。

3. 只与相熟的人交往，无法突破人脉之墙

许多人都存在着固化的交往方式，比如，他们一年之中多半与几个固定的朋友或者合作伙伴保持联系，在他们的生活中，上司、客户、同事、少数的朋友、亲人是主要的交往对象，除此以外便再也没有额外的人际联系了。这便导致了他们处在了一个僵化的圈子里，他们所能利用到的人脉资源也仅有这些。而这种将自己囚困在墙内的人脉交往方式，也是最容易产生“温水效应”的：因为接触不到新的人与事，他们事实上是没有办法取得自己生活或者事业上的突破的，更无法获得隐藏在交往过程中的隐性机会。

4. 过于内向或是过于自傲，与人相处时缺乏主动性

过于内向或是过于自傲者的共通之处在于，他们在人际交往中缺乏主动性。虽然两者可能内心如火，并拥有一定的人际交往饥饿感，但是他们外在的表现往往令人失望：他们总是在一味地等待他人来邀请自己，总是以居高临下的态度去与他人相处。这样的交往方式明显会让他人认为，你缺乏与之相交的诚意。长久下去，就算你的饥饿感再强，但是因为无法让他人感受到，所以往往表现出欠缺主动性的一面。

5. 建立人脉后，缺乏互动

人与人之间的关系处于不断地变化中，极少有一种关系会一直保持新鲜。我们在现实生活中也可以发现这样的事情：有时候，两个人相处，未必会越来越相互信任，也有可能会变得相互猜忌，甚至发展到关系彻底破裂。但是，有些人却缺乏这样的认识，他们不懂得人脉需要深入地发展，而是以为只要关系确立，就能够永远地保持新鲜。这种缺乏互动的情况固然是因为他们自身的人际交往能力欠缺所造成的，但最终的原因还是他们对人际缺乏足够的饥饿感。

以上的人脉困局实际上都可以通过重新获得饥饿感来解决：当你发现自己的人脉蕴涵了如此多的力量与隐性发展机会时，你自然会从内心开始主动，并会想尽一切方法，让自己走出困局。

营造人脉的成功秘密

成功人脉的建立永远来源于欲望：只有当你对成功与理想的实现保持了足够多的饥饿感时，你才能获得足够多的动力去扩展自己的人脉圈。所以，保持饥饿感吧，因为它永远是不断地督促与帮助你去发掘人脉、从人脉中发现隐性机会的最重要原因。

7 “关键因素起作用”的时代里，你拥有多少制胜把握

打个比方，假如你想认识著名演员成龙，那么你该怎么办呢？其实办法有很多，但是其中最有效、最快捷的可能就是与他的儿子房祖名成为朋友。你如果成了房祖名的好朋友，还用担心没有机会结识成龙吗？在这种人脉交往中，房祖名便是关键因素。

关键人物将会决定你的成败

其实，关键因素的意义在于，若你想进入某个圈子，就要先找到这个圈子里的一个关键人物，然后再和这个关键人物成为朋友。这个关键人物就会成为你进入某个圈子的介绍人和领路人，有了他的推荐，你就不必担心别人会排斥你。

有一年，搜房网总裁莫天全与Trader公司的董事长乔恩·麦克白恩在一个宴会上相遇，并坐在同一张桌子上用餐。晚餐过程中，两个人就各种问题进行了深入交谈，结果都有一种相见恨晚的感觉。

从此之后，二人便成了无话不谈的朋友。有一次，乔恩想向搜房网投资2250万美元，以换取搜房网15%的股份。当时搜房网并不急缺资金，也不需要融资，因此，董事会的成员大多不同意乔恩的入股。然而，

莫天全却坚持让乔恩入股。之所以这样决定，是因为乔恩是全球最杰出的企业家之一，Trader 公司又是全球最大的分众广告传媒集团，对于公司治理、长远发展和规划来说这就是一棵可以依靠的“大树”。

结果证明莫天全是对的，正是因为乔恩这位重要人物的帮助和引荐，中国互联网才迎来了当年的最大一笔投资，澳大利亚电讯以 2.54 亿澳元（约合 20 亿元人民币）收购搜房网 51% 的股份。

美国佐治亚州立大学的史坦利教授曾做过一项研究，他选取了 2000 位百万富翁作为他的研究对象。通过长期的观察，他发现，拥有大规模的人际关系网是这些百万富翁的共同特点。除此之外，这些百万富翁都有不寻常的能力，他们可以在所认识的人当中辨别，哪些人具有特别的“价值”。他们并不只是搜集名片，更重要的是他们能辨认哪些人能够并且愿意帮助他们；他们知道该与哪些人交往，怎样能收到相互提携之效果——譬如彼此交换信息，甚至合伙做生意等。

可见，圈子中的关键人物就像一把打开城堡的钥匙，可以让你顺利“入伙”。在你开拓人脉网络的时候，总会有个“关键人物”需要花费一些精力去重点攻克，而且，遇到的困难相对也会更多。

拉近你与关键性关系之间的距离

当你真正地找到了对你的人生能够产生推动作用的关键因素之后，你所需要考虑的重点就应放在如何拉近你们之间的距离上了。距离是我们永远无法回避的人脉要素。想要拉近与他人之间的距离，提升自我人脉的效率，你便必须具备几个关键性的素质或者品质，通过自我所具备的这些品质，找到那条最短的距离，而不是仅仅去做一些无用功。只有这样，才能使用最直接、最省时、最省力的方法，去办成事、交对人。

以下四点品质是让你与关键性关系之间有效缩短距离的主要因素：

1. 一颗真诚的心

富兰克林曾经说：“人与人之间的相互关系中，对人生的幸福最重要的，莫过于真实、诚意和热情。”这种真实、诚意与热情可以让你获得他人全身心的好感与重视。千万不要以为靠心机可以让你在人际交往中占据更多的优势，因为这种靠心机、虚情假意来骗取人心的方法最终会被人识破。缺乏诚意的情况下，就算你拥有再好的创意，也无法感动他人，即使一时之间倚仗着某些花言巧语获得他人的信任，你也将在最后失去自己所获得的一切。

其实，在交往过程中，到底是对人无所保留，还是要留有心机，一直是一个困惑世人的问题。但是，若你真的有心去扩展自己的人脉，你便要意识到以诚相待是进行人脉拓展的最根本原则。虽然在某种程度上，这种诚心应因人而异，但是，只要你肯付出真心，你便有机会去收获对方的真心，而这种机会正是处于人脉塑造期的你最需要的。

2. 建立和保持良好信用

在他人心目中留下值得信任、守信用的形象，是你与关键性关系之间拉近距离的最关键所在。你的良好信用和被信任感可以为你的人际关系带来正向循环，这是无声的形象。如果一个人讲的话每次都要打上几分折扣，那么他认识的人越多，为他带来的负面效应就越多，起到的效果往往是相反的，因为他传递出去的都是坏名声：“这个人糟透了，讲话不着边际，可信度太差。”你在人们口中的评价是这样的吗？对于信用很差的人，别人跟他的距离，就会不停拉大，直到人们再也看不见他，也不想再见到他。

3. 多增加曝光自己的渠道

多去参加诸如 MBA 交流团、旅游团、健身俱乐部等社交团体，这些都是把自己最快推销给别人的好办法，而且，通过参与这些活动，你也可以有效地建立起自己的良好社交形象。而且这些团体性的活动中，往往聚集了大量的人脉，你可以从中甄选，与自己期望认识的人进行结识，这种交流方法要比一味地躲在家里打电话联系的效率要高出很多。因为打电话不如谋面，谋面不如实质性地交流。公共交往平台的最大优点就在于，它能够帮助人们在面对面的基础上，形成有意义、有实质性的沟通与交流，比如，一些交流团针对某一话题开展的讨论会或者论坛。在这些场合中增加自己的曝光率，对于拉近彼此间的距离很有帮助。

4. 合理地传递关怀的能力

让自己获得美好生活的基础其实很简单：拥有一颗善良的心。懂得如何去关怀他人是你获得成长、走向成功的真正开始。这种关怀能力与你是什么人、你有多少财富毫无关系，因为即使是最平凡的人，只要有心，也拥有足够的力量去关怀他人，哪怕仅仅是一件小事，你也可以将自己的关怀合理地传递过去。而那些能够掌握人脉秘诀的人，正是站在他人的立场上合理地去传递关怀的人。他们非常清楚，人之所以会心存感激并不是因为对方有多么强大，而是因为对方在不断地帮助自己变得强大。而关怀的力量就在于此，它能让你与关键性力量交往的过程中形成惺惺相惜之心，并能够让对方敞开心扉去接纳你。

向他人传递自己的关怀，实用有效的方法很多，但主要以充实有内容的细节为主，而不是说几句话、拍拍人家的肩膀。比如，见面时多问些实际问题，别重复无用的空话和客套话；多用行动关怀，不要只说说而已，这些完全可以在生活和工作细节中体现。抓住机会，就意味着你缩短了与对方的心理距离。

营造人脉的成功秘密

对你的人生产生决定性作用的并不是你的人脉有多宽、有多广，你的记事本中记录了多少电话号码，而是你是否找到了那个能够对你的人生起到关键性作用的因素。当你不断地以自己的实际行动去拉近你与关键性因素之间的距离时，你的制胜把握会越来越多，你所渴望的一切也会更快地到来。

8 沿着社会金字塔上升的基本谋略

那种以为发展人脉就是要留留电话、换换名片的想法无疑是错的，我们需要明确的是，“人脉”与“朋友”有着本质上的区别：朋友中有些是没有利益关系的，有些则是完全基于利益基础的——人脉就是指那些有利益关系的朋友。想要沿着社会金字塔上升，你便需要明确这一前提。

与有能力的人交朋友

可以说，每一个人都有自己的朋友，关键在于，你交往的朋友是否能够对你在人生中、职场上的攀爬有一定的帮助。就如同年轻时的克林顿一样，因为一开始时他只是一个吹萨克斯管的乐手，所以，他交往的人也不外乎一些弹奏大提琴、吹黑管的朋友，若是他一直这样下去的话，那他必然不会从政。关键在于，在 17 岁那年，他与肯尼迪总统相识，并在肯尼迪的影响下正式决定了进入政界。

因此我们说，交友对一个人的思想、品德、学识会产生深刻的影响。正如潘基文所说，更大的影响力来自有影响力的朋友，因为这种影响是气息相染、潜移默化的。因此，人到了一定年龄就要开始有目的性地去选择朋友，因为你的朋友圈子将对你的人生起着至关重要的作用。

约翰·诺拉本身是一位美国普通农民的儿子，因为家境普通，他很早便开始依靠给他人打零工来赚取零花钱了。在上学与工作之余，他最喜欢的事情就是阅读一些名人传记。因为通过阅读这些传记，他能够了解发生在某些名人身上的故事。但是，这并不能让约翰满足，他期望能够更详细地知道这些名人的人生，更期望可以得到这些成功人士的忠告。

有一天，约翰专程跑到了纽约，也不管对方到底几点开始办公，在早上七点时，他便来到了威廉·亚斯达的事务所。在第二间房子里面，约翰立即认出了面前那位长着一对蓝色眼睛、体格壮实的著名企业家亚斯达。在一开始时，亚斯达对这个莽撞的少年并没有丝毫的好感，甚至有些讨厌他。他甚至已经决定让秘书赶约翰走了，但是，当他听到约翰说：“我很想知道，怎样才能赚到一百万美元？”时，他的表情开始变得柔和并微笑了起来，两个人竟然谈了长达一个小时的时间。随后，亚斯达还建议约翰去访问一下其他实业界的名人。

在亚斯达的指点之下，幸运的约翰遍访了纽约一流的商人、总编辑及银行家。在赚钱方面，他所获得的忠告或许并不一定对他有所帮助，但是可以获得成功者的知遇，却使他获得了强大的自信。随后，他开始效仿他们的成功做法。

在20岁那年，约翰成为了自己当学徒工的那家工厂的所有者。24岁那年，他成为了一家农业机械厂的总经理。在不到5年的时间里，他便如愿以偿地拥有了百万美元的财产。这个来自于平凡家庭的少年，终于依靠人脉使自己成为了百万富翁。

漫无目的地到处参与社交，只会让你变如同患上“社交强迫症”的病人一样。凡是有活动必去参加、凡是有新认识的人必留电话，这种方式帮助你找到的只是空洞无用的“空心人脉”，而不是对你的人生拥有帮助作用的“实心人脉”。

“实心人脉”就是那种可以与你分享各种有用信息的人脉在这个人脉圈子里，你们可以互相交流经验，在人生、梦想或是工作方面为对方提供实质性的帮助。这种人脉在不断地积累与扩展中，最终会形成精华人脉。

找准用“实心人脉”开启成功的方法

曾有智者如此说：“若是非让我对青年说一些对他们的人生有益的话，那么我建议，你应时常与那些对你有帮助的人一起行动。仅就学问或者人生而言，这样是对你最有益的，学会去正当地尊重别人，这是人生中最大的乐趣。”但是，许多人却并不喜欢这样，相比于结交对自己有帮助的人，他们更乐于与那些不如自己的人交朋友。可是，这样虽然对提升自我优越感有着极大的帮助，但是从比自己差的人身上，你是极少能学到东西的。

当你明确了人脉是你在社会金字塔中上升的关键性因素之后，你便需要一定的方法，帮助你不断地寻找到正确的“实心人脉”。

1. 利用别人与自己的才能与天赋

你与生俱来的优势是什么？找出它们，你的职业之路会走得如鱼得水，你在人脉中也会使自己拥有这种优势。同时，你还需要去注意自己人脉中同样具有如此才能和天赋的人，他们具备超乎寻常的能力，能够去思考一些旁人无法触及、无法理解的问题，而他们也因此成为了卓越的问题解决者与创造天才。

你应该尽量将他们纳入自己的重要人脉之中，并加强与他们的联系，若是他们与你的个人发展有着重要的关系，你更应保持这种联系。因为你的特长与天赋、你与他人共同的特长与天赋，都是使你的命运发生巨大改变的关键所在，千万不要低估了它们的重要性。

2. 找到合适的人，并与之待在一起

物以类聚，人以群分。当你在冲往梦想的轨道行走时，你会发现，有一群志同道合的人与你在平行的轨道上一起努力奋斗是一件美好的事情：你们之间有虽然未曾言明，但大家皆明白的共识。或许你们的终点并不同，但是，你们已经有了一段共同的人生旅程。

这种适合的人或群体会让你产生强烈的归属感，他们可能会为你提供你从来未曾获得过的机会或帮助，而他们之所以会帮助你，完全是因为他们认为你和他们一样。这是一种天然的群体偏好，同时也是群体梦想达成的主要因素。

如果你进入了人生中的最佳状态，并找到了最合适的人去做该做的事，那么你的人脉便会进入正常运转之中：你会发现，在通往梦想的路上自己并不孤单，原来因为梦想而发生的焦虑与担忧也随之烟消云散。

3. 拒绝与讨厌的人在一起

你的人脉中的确应该有一些敢于直言的朋友，他们可以帮助你看到自己的缺点，正视自己的现状。但是，对于那些总是在贬低你、打击你自信的人，你应该尽量地远离。在你感觉良好的时候他们会认为你威胁到了他们的地位，并会不断地暗中破坏你，甚至他们还会告诉你人脉中的其他人：你在做白日梦。这些人只会扼杀你的梦想，而不会给你前行的力量。他们心怀恶意，不期望你好，只期望能够在他们有限的范围内对你进行最严格的控制。他们可能是你的上司、你的同事。面对这种人，你能做的只有一点：保持梦想，远离他们。

4. 永远去做自己喜欢的事

卡里·纪伯伦是印度著名的作家。他曾经在自己的著作中说过这样一句话："不要妄想你可以引导爱的路径，因为若爱青睐你，它自然会为你指路。"你的人脉是否能够对你产生作用，关键在于你是否能够坚持自己所爱的。如果你是一个充满激情、并且具有合适技能与良好态度的人，那么，每一个组织都会热情地对你表示欢迎。而且，一旦你确定了自己喜欢的领域，你便能够找到自己的人脉与梦想的契合点。只有在找到了这种契合点之后，你才有机会与他人进行交流，你才能够明确地知道，哪些人脉是能够为你创造最大机会的。

5. 允许别人去聆听你

允许别人的聆听，是他人能够帮助你的重要原则，更是你从人脉中获得力量的前提。当你不愿意真诚地向自己的人脉展示自己，当你总是带着戒心去面对人脉时，就算你拥有梦想与激情，他人也无法知晓你到底想要的是什么。这种时候，人脉的力量再大，也无法帮助到你。

营造人脉的成功秘密

结交一些有用的"实心人脉"，不仅可以促使你不断地快速成熟起来，而且还能使你获得最有效的成功经验。总之，一个成功的人，很大程度上都有赖于结交"实心人脉"，才能不断地使自己力争上游。想要沿着社会金字塔不断地上升吗？开拓并不断地保存自己的"实心人脉"吧。

你认识谁

第二章

从失败开始反思，远离孤军奋战

你深陷困境，你始终平庸，你无法获得新的发展机会与发展平台……你的人生之所以会陷入如此的窘迫中，往往并不是因为你没有付出努力，而是你的努力方向以及具体的策略与方法存在问题。学会找准自己的人生奋斗方向，并对照他人的成功经验，对自己的失败进行反思，是你日后能否翻身的关键。

1 不懂给予，所以无法获得

根据权威组织学家统计发现，80% 的人之所以在工作上失败，并不是因为他们的专业技能、能力或者工作努力程度不够，而是由于自身在人际关系处理方面存在着明显的问题：他们过度地期望自己能够从人际网络中“获得”，而不是在前期学会积极地“给予”。这种带有绝对功利性的人际交往无疑会引发他人的反感，而从中获得他人的认可与支持就变得遥不可及了。

一味索取，只会让你陷入人生困境

中国有句古语说：将欲取之，必先予之。这句话道出了人际交往的真谛。想要“成”就要先用“功”，想要在秋日获得丰收，春夏里你便必须辛勤地去播种、施肥；想在工作中干出业绩，你就需要先付出心血与汗水。人际交往更应如此，要知道，人们天生就有这样一种倾向：对那些不关心他人、无视他人利益、只懂为自己谋利的人极度反感。

一位油漆推销员为了发展用户，在入职以后去见了公司的一家用漆大客户。与他会面的是对方采购部的经理。期间，这位经理恰好接到了儿子的来电：他考上了一所一流的大学。身为父亲的经理无疑极为骄傲。

长达两个小时的会谈之后，这位经理却无意购买他公司的产品。在临走时，对方有些看不下去他失望的表情，好心地提示道："小伙子，我们交谈了两个多小时，你却对我儿子的情况一句也没有问过。你最大的缺点就在于，太专注于销售自己的产品了。"

从人脉中获得利益是我们进行人脉网络建设的关键所在。但是，若是我们仅仅将眼光盯在利益上，却不懂得恰当地付出，不懂得在人脉中为他人提供帮助与所需，那么，我们所期望的人脉网络助推力便永远不会发生。

先予后取，见证你的人脉凝聚能力大小

人际关系对于成功的重要性我们早已强调过多次，若单纯地从事业成功的角度来说，拥有给予的能力，代表的不仅仅是你个人拥有强大的人际交往能力，更能反映出你高尚的人格与超众的个人品质。

美国著名福特汽车公司在新泽西地区有一家分工厂，之前，由于管理过于混乱而差点倒闭。后来，总公司派去了一位非常能干的人物，在他到任之后的第三天，他便发现了问题的症结所在：一间过于宽大的厂房中，一道道流水线就像一道道屏障一般，隔断了工人们之间的直接交流，而机器的轰鸣声，试车线上滚动轴所发出的可怕的噪声，更是让人们关于工作的信息交流难以实现。

以前管理这个分工厂的主管人员一味地要求提高生产任务，而将员工平日里一起聚餐、共同娱乐的时间压缩到了最低，使得员工的身心疲惫到了极点，对工作的热情大大减少，而人际关系的冷漠也使员工本来非常坏的心情变得雪上加霜。组织内部过于混乱，员工之间的口角不

断地增多，一些可有可无的争议也慢慢地多了起来。有些员工甚至破罐子破摔，使得工厂的情况越来越差。工厂眼看就要倒闭，只好到总公司去搬救兵。

这位新上任的管理者在发现了这些问题的根本原因之后，果断地做出决定：以后所有员工的午餐费用都由厂里负担，希望所有的人都可以留下来聚餐，以解决目前所遇到的种种问题。经过了一系列的沟通之后，所有的员工都愿意去尝试为挽救工厂的未来而奋斗。

每天中午一到吃饭的时间，这位管理者便会亲自在食堂的一角架起烤肉架，免费地为每一位员工烤肉。一番辛苦没有白费，那段时间里，员工对未来工厂的建设不断地提出自己的意见与建议。

一段时间之后，虽然机器的噪声还是没有停止，但是已经无法挡住人们内心深处的交流了。两个月之后，企业的业绩开始回升，5个月之后，企业奇迹般地开始赢利了。至今为止，员工中午聚餐的习惯还是在沿袭着，而经理亲自派送烤肉的事情也从来没有停止过。

事实上，这位管理者的真实意图在于给员工们一个互相沟通与了解的机会，以建立起员工与员工、员工与领导之间的信任，从而达到使整个工厂内部的人际关系有所改观的目的。这位管理者的决定是相当有风险的，他冒着增加成本、却不一定有回报的危险以有效的方法使员工之间的沟通更多，从而令整个工厂的人际关系达到最好状态。幸运的是，他不计回报的做法最终获得了成功，从而再一次印证了这样的事实：有指向性的、单纯而真挚的给予往往更能获得丰厚的回馈。

积极地去满足他人的期望，你才有获得回报的机会

在人际关系营造的过程中，我们必须正视这样的问题：当你开始关注自己的人脉，却始终不得其门而入的徘徊时刻，你就要反思一下自我：别人困厄时，我是否进行过援助？对方不开心时，我是否进行过及时地抚慰？索取之前，先问问自己付出了多少，永远是人际交往中的重要原则。

我们为了获得他人的重视而付出的种种努力，说到底是一种为自己创造机会的方法，是对自我人脉发展方向进行“假设”的指针。但是，仅有建立起成功的方法与指针是不够的，我们还需要自己能够主动地付诸实践，牢牢抓住降临的机会，然后努力做出可以称为内容的、实际性的能够促进人脉发展的关键性业绩。

想要做出这样的业绩，首要条件就是本质上的“愿意付出”的精神。这种精神不仅仅是为自己获得能够提升人际的机会，而是立即着手去实施对他人有帮助的事情。在帮助他人时，把重点放在如何让他人认识、了解自己的能力与价值，以及如何才能让自己 100% 地满足对方的需求上。

在商业活动中，最重要的原则在于“先付出，再索取”，要想得到“自己想做的事”，首先就应该努力实现“别人需要你做的事”，然后在这个基础上逐渐地让工作靠近自己“想做的事”。而且在“付出”的过程中绝对不能半途而废，至少要保持这样的心态：“收获永远是在付出之后，付出是一种必需的过程，如果能够在此基础上获得收获是最好，但是如果不能，付出也是应该持续进行的。”

而另一方面，我们需要注意的是，在坚持不懈地向人际网络提供给予的过程中，不应在中途抱怨：“我付出了这么多努力，却什么也得不到！”因为抱怨有可能会给对方留下这样的印象：“原来你与我交往，仅仅是为了获得我的回报……”而这样的想法无疑会让对方与你交往的心受到严重的打击。同时，这样的做法也会完全地暴露出你目光短浅的一面：你未能看到，给予其实就是为宣传自己而不断付出的努力，它本身就是一个不可分割的整体，抱怨只能带来适得其反的效果。

另外，一边想着“我想交往的其实是他身边的那个人”、“他什么时候能够给我回报呢？”一边消极地向他人提供帮助的方法也是不可取的。如果你处在精力不集中的状态，必定会被别人一眼识破。那样的话，在你的价值得到认可之前，你就已经失去了信任。

营造人脉的成功秘密

在人脉实施付出与给予的动作时，你首先应做的便是不拘泥于“对我有帮助的事情”，而是努力地去满足他人的期望，去尽力达到他人的期望值，为此，你就要付出大量的努力，拿出真诚的心面对人际间的求助。在这种单纯意义上的给予面前，你往往能够获得更多意外的回报。

2 太较真让你走入人脉困局

在做事上，认真固然没有错，但是，“时时事事认真”并不是最好的建立人脉的方法。有些时候，让自己学会扬人之善、隐人之过，其实也是让自己在人际交往中占尽先机的好方法。

太较真对你的人脉没有任何好处

人无完人，孰能无过。太过较真的人虽然能够赢得一定的认同，但是，总是将自己的眼睛放在别人的过错上，无疑会引发他人的反感。在人际交往中应尽量让自己拥有豁达的心态，若是他人做错了一件事情，而这件事情对人、对己都没有伤害的话，你应学会恰当地原谅。否则，过分的较真只会让自己陷入“费力不讨好”的尴尬境地之中。

有两个戏剧学院的学生，可以说都是才华横溢，一位是导演系的，一位是表演系的，毕业后一起进入了演艺圈，一位做导演，一位做演员。两个人虽然表面上彼此惺惺相惜，但却也因好强而暗中较量。

经过一段时间的努力，两个人在工作中都表现得相当出色，也在各自领域拥有了一席之地。有一次，刚好有一部电影可以让他们合作。

这个导演对演员一向要求很严格，所以在拍戏的过程中，即使是自己的同学也会毫不留情地加以指责，而已经是位名演员的老同学对于表演也有自己的领悟和个性，所以在片场拍戏的时候总是会有很多的火药味。

有一天，导演因为有个镜头一直拍不好，不禁怒火中烧，对着自己的老同学大发脾气，脱口而出："我从来没见过你这么烂的演员！"老同学一听，脸色苍白地愣住了，双唇被气得直颤不已，头都不回地转身走回休息室，死活都不肯出来继续拍戏。

经过众人的劝说，导演终于走到休息室，对老同学说："你知道，人在生气时，难免会口不择言，言辞激烈，可是我冷静下来想了想……"老同学一听，以为对方是来道歉的，不禁昂着脖子，将头抬得高高的。导演一见他那副趾高气扬的模样，竟然一时语塞讲不出后面的话来，过了好半天才突然说："刚才我冷静下来仔细想了想……还是觉得你是个很烂的演员！"

此话一出，后果自然也就可想而知了，这位名演员退出了这部电影，两人从此绝交。

由此说来，许多事不能太较真，特别是在人际交往上。要是太较真了，就会牵一发而动全身，将关系越搞越复杂，到最后自己反而吃不到什么好果子。相反，如果我们能够改正较真的坏习惯，平和待人，定能让他人真正地相信并支持自己。如此，人脉资源的迅速扩展也将是必然的结果。

别让自己做到至察

古人曾云："水至清则无鱼，人至察则无徒。"其意即为，在太清澈的水中是不可能有鱼生存的，而那些对他人过于严苛的人也往往无法获得他人的认可。每一个人都会或多或少地在性格或者生活方式上拥有自己的优点和缺点。若是时时处处都对他人要求尽善尽美，那么，人际网络便很难建立。

在建立人脉时不做到至察，其实包含了两方面的意思：给自己留出与人深交的余地，令自己行不达绝处，言不至极端，有进有退，方能在人脉扩展的过程中，能机动而灵活地处理事务，去解决更加复杂多变的问题；给别人留出与你深交的余地，让他人不至于在与你深交之前，便认为自己有“把柄”在你手中而有所忌惮，这便是人脉交往中不可至察的作用所在。

宋代宋太宗时期的宰相吕蒙正是一个气量宏大、胸怀宽广、颇有大将之风的人，在进入朝廷正式参政以后，每每与人意见相左时，他绝不会以强硬的姿态来逼人接受自己的意见，而是以委曲婉转的比喻来晓之以理、动之以情，因此，宋太宗对他非常信任。

其实，这种大度在吕蒙正初次进入朝廷时便已经体现了出来。因为出身底层，再加上其貌不扬，曾有官员指着他说：“朝廷没有人可以用了吗？这样的人竟然也能参政？”当时，吕蒙正只是假装没有听到，付之一笑。他一起同行的同伴为此非常气愤，于是，便想要询问其他官员那人是什么名字。吕蒙正马上制止他们说：“不，不可这样做，一旦知道了他的名字，就一辈子也忘记不了，还不如不知道的好。”

当时，在场的官员都非常佩服他的豁达与大度。后来，那位非议他的官员也亲自到他的家中去道歉。两人在后来成为了朝中的好友，相互扶持。

吕蒙正的做法是对的，人至察往往会让自己与他人处于难堪的境地之中，而为自己与他人留出一定的余地，不仅是一种君子之风，同时更能够在人脉网络中显示出自己交友的至诚之心，从而吸引其他的人脉来关注自己。

想要做到不至察，最起码的标准便是不随意指责他人的行为。与人交往中，破坏力最强的莫过于这三个字：“你错了”。通常情况下，它不会引发任何好的效果，而只会带来一场争吵、一场不快，甚至能够令朋友变成对手，令情人变成怨偶。

在建立自己的人际网络时，我们需要记住的是，与我们相交的并非能力超凡的超人，更不是修炼到家的圣人。他们与我们一样，都是感情丰富的常人，甚至是充满了傲慢、偏见与虚荣之心的怪人。但是，他们一样有期望获得别人认可的心理，更有期望自己那些不重要的小错能够被原谅的心理。体谅他人的心理，忽视他人的过错，转而去赞扬他人的长处，他人自会在心中记下你的好。

营造人脉的成功秘密

人际交往本身就是一个包容他人、放低自我的过程。在这个过程中，我们所需要做到的，不是如同大法官一样，擦亮眼睛，盯紧他人的短处，而是应恰当地让自己表现出宽容之心，在事情能有商量、可以缓和的情况下，扬人之善、隐人之过。只有这样，你的人脉中才能融入不同性格、不同长处的人，你的人脉广度才会有进一步增大的机会。

3 无人可识，是因为你从来不下工夫去结识

如果你认为自己没有人可以结识，那么我们可以肯定地说：你在人际关系的营造上丝毫没有用心。每一个陌生人都是你可以去结识的对象，无人可识，完全是因为你从来不曾下工夫去结识。

看到陌生人的力量

我们每一个人都渴望自己能够获得额外的帮助，特别是在用尽了自我资源依然无法取得成功的情况下，这种来自外力的帮助就显得尤为重要了。不过，若你始终对于接触陌生人与外界社会怀有着排斥而非开放性的态度的话，又怎么能够获得意外的帮助呢？看到隐藏在陌生人中的力量，你的人脉或许就能获得意外的增强。

“二战”之前，每天早上，一位生活在德国的犹太传教士总是会按时到一条乡间小路上散步。在散步的过程中，不管见到谁，他总是会非常热情地打一声招呼：“早安！”其中有一位叫做米勒的年轻人，他总

是会对传教士这声问候产生非常冷漠的反应。但是年轻人的冷漠却从来没有改变传教士的热情。每天早上他依然会给这个一脸冷漠的年轻人道一声早安。终于有一天，这个年轻人脱下了帽子，微笑着对那位传教士道了一声："早安。"

时光流逝，转眼到了纳粹执政的年代。

一天，纳粹军队来到了这个小村庄，并将村中的所有人都送到了集中营。在下火车列队前行的时候，一个手拿指挥棒的指挥官在前面挥动着棒子，不断地叫道："左！右！"这是一个决定生命的时刻，向左走的人面临的是死亡之路，向右走的人则还有生还的机会。

指挥官点到了传教士的名字，他浑身颤抖地走上前去。当他无望地抬起头来时，眼睛一下子与指挥官的眼睛相遇了。

传教士习惯地脱口而出道："早安，米勒先生。"

虽然米勒先生的表情没有任何变化，但是他却习惯性地还了一句问候："早安。"声音低得只有他们两个人才能听得到。而他随后的动作却决定了传教士的一生——他指向了右边，生还者的方向。

你能说在最初向陌生人打招呼的时候，犹太传教士所怀有的是利益的动机吗？事实上，正是这个习惯性的问候拯救了他的生命。在某些情况下，陌生人不仅仅是我们在生活、职场上的贵人，更有可能是我们的人生救星。而一个真正有能力的人，如果想要工作顺利、成功地发展自己的事业，就需要有能力把自己遇到的陌生人变成朋友。

世界上没有陌生人，只有未结识的朋友

美国有句谚语可以充分地说明人际交往中那些未曾相识的关系："世界上没有陌生人，只有未结识的朋友。"所有深厚的友谊都是由陌生不断地向着成熟的阶段培养建立起来的，不管是王宫贵族，还是普通平民，我们大家都有一个不可避免的情况，那就是与陌生人打交道。

里米从加拿大麦蒂尔大学毕业后，原本在一所普通的咨询公司里

从事企业咨询工作。他之所会改变自己的职业轨迹，完全是因为自己在出差途中的一次偶遇。

在2005年的8月，里米从美国旧金山机场飞往圣地亚哥，在飞机上他遇到了一个好像在过去一次聚会中遇到的人。随后，出于礼貌，他主动地过去打了一声招呼，在一番寒暄过后，两个人开始就相互的就工作与生活，进行交流。

这个朋友当时正担任着多伦多市道明银行的人事部经理，在交谈过程中，他对里米的性格与能力显示出了极大的兴趣，并最终向里米提供了一个工作机会："你非常优秀，不知道你是否有兴趣到银行工作？眼下，我们银行正需要一位如同你这样的高级客户经理。"

后来，里米正式加入了加拿大多伦多道明银行，并担任了高级客户经理一职。他主要负责矿产业与电信业的客户，协助这些企业进行融资业务是他工作的重要内容。在道明银行工作的五年，为里米日后在金融行业发展打下了坚实的基础。五年以后，里米成功地跳槽到了花旗银行，成为花旗银行的金融部部长。而这些发展正是源于一次与陌生人的"偶遇"，源于他所具有的强大社交能力。

对于我们而言，陌生人就如同一道亮丽的风景，因为与陌生人交谈的时候，就如同你在不断地打开包装良好的礼物，在事前，你根本不知道里面有什么，里面是否充满了惊喜。在面对陌生人的时候，让自己花费几分钟发呆的时间去与对方交流，或许你会有意想不到的收获。

看准陌生人，下工夫去结识

当然，面对陌生人保持开放的心态，或者说去多结识人，并非让你轻易地去相信陌生人，或者到处滥交朋友。你需要首先观察对方是否同样具有"社交才能"。拥有社交才能的人往往会在某些方面拥有自己的独到之处，而这种独到之处正是你日后有可能用到的地方。

这种"社交才能"应包括以下几点：

—— 性格外向，对来自于外界的各种反应抱以敏感的态度，善于辨析他人的弦外之音；

—— 可以包容与理解拥有不同价值观的人，换言之，若你发现某个陌生人动不动因为某个观点的不同而与他人呛声，那么他绝对不是你理想的结识对象；

—— 善于批评他人，并能较好地接受他人的批评；

—— 拥有稳定的情绪，并拥有良好的自我判断与对外辨别的能力。

拥有以上特点的人，便是你重点结识的对象。不过，大多数人都遇到这样的窘境：在与陌生人打交道时会显得不自然。比如，我们在赶赴规模较大的宴会时，往会避免让自己与陌生人同座，因为无话可说的尴尬会让彼此陷入窘迫之中。

感觉无话可说是人们在与陌生人交流时经常遇到的问题。此时，你不妨采取以下的做法：

1. 将自己的感受说出来

比如，你在聚会上可以自言自语："对于这种聚会来说，我的个性实在有些太害羞了。"或者，你也可以说："我真的喜欢这种聚会！"将你的感受与想法说出来，对方便会明白你有与他攀谈的欲望，在这种情况下，对方可能会出于礼貌与你交谈几句。

2. 与陌生人一起谈一下现在的环境

如果你是一个好奇心极重的人，你与陌生人的话题自然会多，但如果不是的话，打破沉默的最好方法就是针对当下的环境进行一下客观的评价："这次宴会真是热闹。"不过，千万不要让自己的话题融入过多的评价成分，因为或许你不喜欢的，正是对方所钟爱的。

3. 学会对陌生人提出问题

恰当地提出问题，可以引起许多难忘的谈话，比如，当你们已经打开了话匣子以后，你可以找出一个问题："你每天的工作是怎样的？"面对这一问题，人们往往会侃侃而谈。其实，只要找到一个积极而有趣的话题，便可以让陌生人与你攀谈起来，但是，切忌口无遮拦，否则，只会让对方对你留下轻浮、没有稳重感的印象，影响交谈的正常进行。再者，你应多给对方留下说话的时间，并让自己尽量处在倾听的位置上，这是一种对自我十分有利的交谈方法：一来你可以了解对方到底是怎样的人；二来对方也可以感受到你的体贴而愿意与你交往。

4. 找到彼此间的共同点

找到共同点是陌生人之间交谈能够持续下去的关键所在。一方面，当你发现了属于交谈目标的陌生人之后，你可以从他的服饰、言谈与举止看出他的心情、精神状态与生活习惯，在找出对方与自己的共同之处后再开始谈话。另一方面，你也可以寻找对方也熟知的人与事，并以此当成引子，进一步引出话题，特别是那种与双方联系都较深的人与事，这样，你们之间的距离便会因为共同点的存在而大大缩短。

在与陌生人交流的过程中，我们不应一味求同，而是应尽量求同存异，在交往中尽量做好“以不变应万变”，使彼此之间的交流进一步加强。

营造人脉的成功秘密

美国石油大王约翰·D. 洛克菲勒曾说：“我愿意付出比获得天下其他本领更大的代价，来获得与他人相处的本领。”如果你拥有自我人生定位与事业发展规划、人生梦想的话，下工夫去结识一些有可能对你的未来产生积极影响的陌生人，将是你获得充沛人脉支持的关键所在。

4 人生需要安排，百炼才有机会相识

没有谁的人脉成功是随随便便达成的，大部分成为经典的交往案例往往

是经过了当事人的精心安排之后才获得的。这一事实也使我们获得了新的启示：人生需要安排，只有在精心的锤炼之下，我们才有机会与那些能够决定自我未来的贵人相识。

妥善的前期准备，让你拥有良好的交际效果

清末，在大太监李莲英的保荐下，权势显赫的醇亲王特意在位于宣武门内太平湖的府第款待了盛宣怀，并询问他有关电报方面的事情。之前盛宣怀虽然没有见过醇亲王，可与醇亲王的门客张师爷交情颇深，从他那里得到了醇亲王两个方面的情况：

一是与恭亲王不同，恭亲王认为中国要学习西洋，醇亲王则认为中国人不比洋人差。

二是醇亲王虽然好武，但自认为还是饱读诗书的，文人风范在其身上可以体现。

盛宣怀知道这些情况后，去见了曾任同次光绪帝师的工部尚书翁同龢，并在那里抄了醇亲王的诗稿，熟背了好几首，有备无患。毕竟"文如其人"，盛宣怀还从醇亲王的诗中挖掘到了亲王的一些心思。等万无一失之后，盛宣怀便前去求见醇亲王。

当他们谈到"电报"这一名词的时候，醇亲王问："电报到底是怎么回事？"

"回王爷的话，电报本身并没有什么特殊的，全靠活用，所谓'运用之妙，存乎一心'，如此而已。"

醇亲王听他能引用岳武穆的话，不免刮目相看，随即问道："你也读过兵书？"

"在王爷面前，怎么敢说读过兵书？在外患严重，英法入侵之际，文宗显皇帝西狩，忧国忧民，竟至于驾崩。那时要不是靠着王爷的神勇，力擒三凶，大局恐怕就并非如此了。"盛宣怀略停了一下又说，"那时有气节的人，谁不想为国报仇，宣怀也就是在那时候，不自量力地看过一

两部兵书。”

盛宣怀真是三句话不离醇亲王的“本行”，他接着又把电报的作用介绍得无比神奇，让醇亲王也感觉飘飘然。于是，醇亲王把电报业的督办全权交给盛宣怀来做。

天生就具备杰出交往能力的人只是少数，大部分人都会在面对人际交流时怀有忐忑之心。在与他人进行沟通之前，事先做足准备是一件最值得借鉴的经验。这种事先的准备是人脉交往中的前期安排，它可以减少你在面对陌生人时的不安感，使彼此之间能够有一个顺利的开始。若你能像盛宣怀一样，与他人交往时是有备而来，你的人脉营造就成功了八分。

成为人脉达人，你需要五个阶段的进修

人生需要安排，营造人脉网络更需要大量的前期准备与后期筹划。下文中我们所介绍的这一人脉安排模式属于人脉战略性的方式，所起到的作用在于，它能让你意识到眼下人际交流中的错误，令你不断地调整自我交流模式，直到正确为止。而另一方面，如果你想要让自己成为人脉网络中的佼佼者，你便需要在具体的行动中表明：

1. 给自己贴上标签，让他人明确你是哪一方面的人才

其实，这就如同在网络世界里给自己的博客增添“标签”一样：它可以用来标明文章具体的类型和范畴。当他人通过网络进行检索时，博主所贴的标签越具体，别人就越容易通过标签搜索到自己所需要的内容。

人脉标签与博客标签的意思是一样的。我们需要创造出在人脉中能被人们大量检索出来的标签。标签就是自我宣传的要点。因此，首先，你要创造自己独一无二的标签，并考虑好：你期望他人是通过怎样的关键性词语想起你的？简而言之，就是明确自己到底是哪一方面的人才。你可以为自己创造一个关键词，这个关键词可以让别人想起你时会有这样的想法：“说到做这件事，还是他最行！”这种能够表示自我优势、宣传要点的关键词，便是我们需要去尽量营造的词句。

你应从自己的经历、业绩、技能、特征、志向、特长等方面作为创造标签的切入点。你需要准备好一个能够发挥出最佳宣传效果的关键词，令自己在某个人脉层面上更容易获得提拔。明确自己“想要成为何种领域的专家”、“以怎样的人生为目标”,并用容易理解的形式与易于记住的语言来宣传自己，你便能获得最佳的宣传效果。

2. 做出实际的成果，让他人对你刮目相看

做出实际的内容，即用自己的真实业绩来证明自我标签的独特性，你所要做的内容，要让别人有这样的感觉:“这个人很了不起！”在人脉营造中，你若仅仅用“我会做 ×× 事”、“我想做 ×× 事”这样的话来做自我评价，便很难获得他人的信赖。

而另一方面，将“我能做 ×× 事”这种自我“能力”当成标签时，除非你想找的是事业上的合作伙伴，否则最好别提他人也可以做到的事情。因为最重要的是，你要让你能做的事情显得独一无二性。这种独特性可以让他人看到你“参与的姿态”与实现人生目标的“强烈意志”。在这种情况下，他人才会对你产生信赖。

3. 不断地扩展自己的朋友圈子

在这一阶段里，你所需要做的，是看朋友如何看待你的标签与内容，并与朋友一起进行交流，共同进入下一个阶段。

如果你一直认为“构筑人脉是个人游戏”的话，那么，你可能很难赢得人脉上的成功。因为这里的扩展朋友圈，是指通过“增加朋友”与朋友共同创造人脉，朋友的人脉也会“为你提供提拔的机会”。换句话说，就是增强能够为自己提供更多人脉的朋友。

你的朋友应该是与你志同道合的人，他们与你一样，都“希望能得到他人的赏识”,“希望进一步挖掘自己的潜力”。而扩展朋友圈最理想的方式就是组织学习会或者社团，定期举行集体活动，而这些活动的主题要与自己的标签和内容密切相关。而在这一时期中，你为自己所设立的标签与内容是否能够获得好评、是否足够通俗易懂，都可以得到解释。

当然，在扩展自己的朋友圈时，不要在一开始便不切实际地想要成立一个拥有“极高水平”的社交团体。因为任何的事物发展都需要一个过程。抱着“由小到大”的心态，试着从少数人开始，你的朋友圈子才能慢慢地成长、壮大，你在圈子中的地位才会获得巩固。

4. 散播自己的信息，让他人对你有印象

在这一阶段里，你需要做的是，不断地在工作中或者某一个业界集会上，或者在网络上，将自己那些最显著的个人优势与特点发布出去，令其进一步被传播。而且，在发布时，不仅仅要发布自己的内容，同时也要做到与朋友互相帮助。比如，你可以告诉别人：“我有一个朋友，他在 ×× 方面真的很不错。”这种行为表面上看是在宣传朋友，但实际上也是在向社会宣传着自己。

在宣传自己的信息时，与其限定目标和对象，不如采取主动“播种”的姿态，努力让别人在某个时候想起自己才更加行之有效。散播自我消息的方法有很多，你可以在工作场合、集会、酒会上试着与自己遇到的人交谈，更可以在微博上、博客上、邮件中表明自己的态度。这些都是信息流传的渠道，更是我们获得成功的关键。

然而，发布一次内容便获得成功的机会并不多，因此，你应经常性地通过多样化的渠道与手段，对自己与朋友的信息进行坚持不懈的宣传。

5. 积极地进行机会的争取

争取机会的意思是，一旦时机到来，我们就要积极地对那些有可能超出自我实力的机会进行积极的挑战。事实上，当你在散播信息以后，你的机会往往会意外到来。机会到来时，你应具有勇往直前的勇气，并要为此而坚持不懈地磨炼自己的能力和不断地武装自己，时刻准备迎接大显身手的机会，做到不管任何时候遇到机会都能做出不负众望的成绩。

这里所说的机会是指挑战超出实力的工作，这些工作并非易事，这个过程中会伴随很多的困难和艰辛。但是，你一旦能够坚持下来，并跨越这些困难和艰辛，就会得到飞跃性的成长。

营造人脉的成功秘密

确立自己的目标，根据目标构筑人脉，不断地挖掘自己的能力，建立起自己的标签，扩大朋友圈，让自己获得新的机会，这些都是你进行人生安排的重要内容。所有的安排都是为了让你有机会去结识有可能帮助你靠近成功的人，因为唯有精心的安排与长期的磨炼，你才能够借助于人脉的气流获得人生的提升。

5 精英汇集的地方，便是你成功开始的地方

如果你期望自己获得成功，你就要尽量让自己跟精英交朋友，然后，努力让精英的人脉发展成为自己的人脉，这是使自己的人脉获得进一步提升的关键，同时也是你走向成功的捷径。

与一流的人在一起，你才有机会成为一流的人

谁都期望自己可以获得成功，而在成功所需要的各种要素中，人脉便是你能够获得的最强大的外在助推器。一方面，那些在某些领域中已经获得了成功的人往往会被归结为黄金人脉，因为与普通人相比，他们往往拥有着更多的资源，能够轻而易举地向你提供各种直接的帮助。另一方面，精英们自身所拥有的人脉也非常雄厚，若你可以加入其中，那么你所获得的间接利益也将是不可估量的。

张德培是网球界著名的华人明星。在青年时代，他与桑普拉斯、阿加西等日后成为网坛名将的人跟随了同一个网球教练尼克。尼克有着极强的实训经验，在带出了这些网坛名将以后，他还培养出了威廉姆斯姐妹与库尔尼科娃等世界知名球星。

曾几何时张德培依靠自身所具有的拼搏精神与顽强的意志，将自己的几位师兄打败，成为了世界青年网球赛冠军。但是，在随后几年时间里，阿加西与桑普拉斯皆先后在世界网球排名中获得过第一名的好成绩，可是，张德培在这一排名中获得的最高排名仅仅是世界第二。

这一现实不禁令人扼腕：师承同门，张德培所付出的努力并不比他人少，为什么他再也没有获得过第一？原因很简单：在离开尼克的培养之后，桑普拉斯与阿加西皆聘请了世界上最顶尖的教练来培养自己，桑普拉斯以高薪聘请了世界上最著名的发球教练，在这位教练的培养之下，他的发球得分率是世界上最高的。

再回头看一下张德培：负责对他进行训练的是没有丝毫职业网球经验的哥哥与父亲，最终的结果可想而知。同样的起跑线，仅仅是因为不同的教练与各自所加入的不同训练平台，导致了最终的不同结果。

与业界精英交往的好处在于，你所接触到的人与事皆是业界内的领先水平，在这种环境的长期渲染之下，你与普通人之间的差距便会逐渐地拉开。随着你能力的提升，进入你人脉圈范围的成功者也将越来越多。

人生与网球比赛何其相似：我们之所以要与精英交往，就如同在为自己聘请最好的人生教练一样：我们期望通过这些人脉上的“教练”为我们提供更多、更广、更优质的人脉，同时也期望自己能够接受这种优质人脉的辐射，让自己的人脉与人生提升到一个新的高度。

找到精英汇集的地方，让自己获得提升

与比我们优秀的精英交流，我们自己的水平可以迅速地获得提高，但是，我们需要意识到的事实是：一方面，所有的精英圈子都不是那么容易进入的，他们往往对进入自我圈子的人进行衡量，一旦与自己所在圈子的宗旨有所不同，他们便会拒绝。而另一方面，这些精英不但拥有地位与身份，而且工作也往往会安排得比普通人更加紧凑，所以，就算你登门拜访，也未必能够与之相见。但是，只要努力，总是会有结识精英的方法，只要开动脑筋，不断

地发散思维，我们便能让自己进入精英的圈子。

现在，你已经明确了结交精英的必要性，接下来，你需要做的，就是确定精英会出现在哪里：他们经常出没的地方，是你应该重点去的社交场所，因为只有在这种场合中，你才有最大的机会与他们进行私下的接触，你才有可能获得他们的青睐。

1. 不妨在同乡会中找找精英

中国生意意识最强的人多半出于两个地方：温州和潮汕地区。这些人经商有一个最大的特点：抱团，在国内曾经出现的温州“炒房团”便是典型的抱团。如果你的家乡也具有这种抱团的团队意识，你不妨多让自己去参与一些同乡会，并在同乡会中进一步获得更高层的同乡会联系方式：要知道，打工者之间的同乡会、管理者之间的同乡会、领导者之间的同乡会肯定是不同的。当你能够不断地一层层地让自己顺藤摸瓜、进入更高的同乡会时，你的寻找精英意识便已经建立起来了。

同时，你需要意识到，参与那种运作并不成功、缺乏深度经营、仅以吃喝玩乐为目的的同乡会对你而言并没有任何的意义。因为这种同乡会虽然会让你增加所谓的同乡情谊，但从长远来看，对你结识精英人群帮助并不大。

2. 通过校友会、培训班来寻找精英

许多成功人士在出名以后都习惯回母校，一方面是为母校增光，另一方面是向他人证明自己的努力结果。如果你恰好毕业于一所不错的大学，而且你的学校又有校友会举办记录的话，你不妨留意这些信息。从老师、校友会记录中，找出那些发展不错的校友，并关注他们下一次参与校友会的时间。在校友会上，你可以与之展开交流，而这种交流正是你们日后深入发展关系的起点。

除此以外，如果经济条件允许，你在社会上也应经常性地参与一些学习。在成年后进行学习的人往往具有明确的目标，他们的学习更具有针对性，你们彼此之间交流与合作起来也更加顺畅。比如，定时地参加一些职业的研修班，便可以认识一些行业高端人物；再比如，现在有很多的精英学习班，参与这些学习班，你不仅能够结识一些高端的人物，同时还能够使自己的眼界获得进一步的开阔。

3. 参与一些特定的圈子

在这个社会里，每一个人都有自己的人脉圈子，其差别就在于圈子的大小与品质的高低。精英人士因为拥有较好的经济条件，往往会有一些特定的爱好，以对有关兴趣、爱好的圈子往往会投入更多的关注，在这些圈子里，因为是非正式场合的接触，所以你往往会拥有更多接触他们的可能性。

当然，这些圈子也有不同的分类：

（1）职业圈子：一些大型的都市里往往会有一些职业协会，如律师协会、营销协会、人力资源协会等，这类协会多半会聚集一些职业精英，他们经常会进行一些主题性的聚会。不管你的目的是结识精英，还是自我提高，参与此类的聚会总是会大有收获。

（2）爱好圈子：如今的高端人士已经越来越重视自身的健康休闲了，参与这些圈子，你可以找到你想要结识的人物。如现在有许多有关户外运动类的圈子，一些有关骑行、演讲、表演一类的圈子，在这些具有大众性爱好的圈子里，你往往能够意外地认识一些精英人士。

（3）商业圈子：如果你本身是从事商业的人，或者期望日后往这个方向发展的话，加入此类的圈子便是打开人脉突破口的最好方法。这些圈子往往举办一些定期或者不定期的聚会，进入到此类圈子的最好办法就是参加这些聚会。

除了通过他人引荐加入这些圈子以外，如果你有此类的人脉，你也可以考虑组织一些小圈子。当然，在筹建圈子的时候，我们所强调的原则依然只有一个：人不在多，而在于精。

营造人脉的成功秘密

你需要改变的观念是：主动去认识精英，并不是趋炎附势的表现，而是自我发展与改造的必要途径。因为精英一般都具有辨识对方是否对自己有益的能力，若你拥有足够的价值，在掌握了一定的技巧之后，认识精英只是你进入人生更高阶段的一个必要方法而已，与所谓的“攀附”并无直接的关系。

6 太老实的鲤鱼往往不能跃过龙门

想要通过人脉的力量一跃成为人中龙凤并不是一件简单的事情，因为人际交往本身就是一个复杂的过程，需要有一定的智慧、运用一定的方法方能达成目的。所以，在人脉龙门之中，那些“老实鲤鱼”往往无法跃过龙门。

总救穷，让你浪费掉自我有限资源

“患难之处见真情”，我们之所以如此需要人脉网络，有很重要的一点就是为了防止自己在需要帮助的时候却找不到人求助。但是，在人际网络中，无原则的帮助却很可能是害了朋友的同时，也使自己有限的资源被浪费。

一提起董思阳的名字，很多人都会发出称赞之声。她从7岁起就在中国台湾读书，15岁留学新加坡，18岁赚到第一桶金，大约50万新币。到21岁时，她就已经成为一家横跨东南亚的国际集团的董事长。

从小到大，董思阳做事都有自己的主张，很多时候她的思想境界已经超越她的年龄。董思阳的处女作《21岁当总裁》一经面世，就受到了读者的热捧，短时间内就卖出了60万册。然而，董思阳却决定把这60万册的版税，连同另外从个人资产中拿出的一笔资金，共同组成

100 万元的天使基金。她准备将这笔钱一次性投资给合适的创业者。不过，董思阳一再强调，自己的助人理念是“救急不救穷”。

当有记者问她为什么有这样的想法时，她说，从这几年的创业经历来看，她越来越清楚地感觉到，一个人的贫穷大多时候并不是天意如此或是生不逢时，最根本的原因就在于他根本没有一颗渴望成功的心。失去了这种渴望，意志和力量也就无从谈起，所以这样的“穷”她不会救，更救不过来。像这样一个人，你给他钱也不过是增加了一段挥霍的时间，很快他又会一贫如洗。相反，她愿意帮助那些渴望成功并愿意付诸行动的人，虽然此刻他们是贫穷的，但在他们身上，充满了成功的可能性，或许就是急缺一笔钱，万事俱备，只欠东风，所以她会把钱交给这样的人，会把东风借给这样的人，帮助他们是她的快乐。

董思阳的这种理念在人际交往中同样适用。贫穷是可以通过自身的努力来改善的一种生活状态，如果你的朋友中总是有人生活陷入窘境之中，而他自身所付出的努力又非常有限，那么，即使你给予他再多的帮助，也往往是治标不治本。一味的“救穷”只会让你的爱心沦为懒惰的温室，在你过分的爱心之中，他人非但不会重视你的付出，反而会助长自身的懒惰情绪，这种时候，你的人际只是依附你身上的一个包袱，而不是你人脉发展的有力帮助。

我们在强调人际间的帮助时，所提倡的正是这样的理念：只帮助那些懂得上进的人，因为只有这些人才有机会再次拥有发展的机会，而帮助这些人时的“救急”所体现出来的正是人性的温暖。

不懂拒绝，让你陷入人际沼泽之中

汉字中的“不”写起来非常简单，但是要将它说出口，却需要相当大的勇气：你或许会担心一个“不”字就此断掉一条人脉，更担心你会因此而得罪朋友。这实在是一个棘手的问题。

巴金先生是中国现代最著名的文学家之一，尤其是他的激流三部曲《家》、《春》、《秋》，更是家喻户晓的作品。在《家》中，巴金先生塑造了很多性格鲜明的人物，高觉新就是其中一个典型。他本应是个顶天立地的好男儿，但是，却因为懦弱的性格而成为“无抵抗主义者”。

虽然高觉新的心中并不乐意，可是，他每天都花费了大量的时间陪着家中那些无所事事的女人打牌。也正是因为他的不懂拒绝，女人们也往往会将他当成出气筒，有什么不快通通拿他来发泄，因为他绝对不会反抗。

他的家人因为一些微不足道的小事，而拒绝同意他与自己深爱的恋人结婚。在这种情况下，他为了家庭的和睦，也只是懦弱地应承了下来。甚至在小说的最后，自己的妻子临盆，被长辈逼迫到设备简陋的诊所生产且不让他进产房探望时，他也没有一丝一毫的反抗，结果妻子因此而惨死，高觉新也背负了一辈子的愧疚悔恨。

在小说中，高觉新的一切悲剧，都是由于他不懂得拒绝所造成的。虽然这一角色只是巴金笔下的一个虚拟人物，但是艺术源于生活。在现实中，像高觉新这样的人比比皆是。他们大多性格懦弱，害怕拒绝别人，更准确地说，是害怕拒绝之后所产生的后果：如家人的不理解，朋友的嫉恨等。因此，即使自己的内心再如何不满，他们嘴上也始终不敢说出一个“不”字。

喜剧大师卓别林曾经为后人留下过这样一句话：“学会说‘不’吧！因为它会让你的生活更加美好。”每一个人都需要明白，让自己在人脉中扮演一个有求必应的角色对你的人脉扩展并没有丝毫的好处。人的欲望永远是没有止境的，而且多半是合理与荒谬共存。若你在人脉中不懂得说“不”，你便有可能让自己承担起自己根本无力履行的职责，而这无疑将会使你的人脉交际能力大大下降。

向你的人脉说“不”，让自己的人际交往拥有原则

不帮穷、不做老好人都需要你拥有熟练说“不”的能力。很多情况下，学会拒绝其实是对自己、对他人的双重尊重，同时也是为自己无力解决的事情找到更好解决方法的最佳途径。可以说，向不恰当的人脉要求说“不”，是你为自己的交际树立原则、改变你在他人心目中“随传随到、随喊随应”

的形象的关键。

学会说“不”，并不意味着你可以随意地对来自于人脉的不合理要求进行拒绝，因为不管对方求助的原因是怎样的，拒绝都会使对方感受到不快与困扰，即使这种拒绝的目的是为他好。所以，你需要在恰当的时机下，选择恰当的拒绝方法，才能使拒绝所带来的伤害与冲击降到最低。

首先，不要立即拒绝他人的请求。当对方还未曾将自己的为难之事说完之前，你不可以根据自己的单纯臆想来说“不”，因为过于贸然的拒绝不仅会让对方感觉你是一个冷漠无情的人，更有可能让对方感觉，你对他抱有成见。而一旦这样的误解形成，对双方的关系会形成致命的打击。

其次，尽量使用客观的情形作为拒绝的理由。傲慢的态度、无情的口气都会使你陷入他人的怨恨之中，对人脉资源的积累没有丝毫的好处，所以，当你发觉对方的请求不合理或是你无法做到的时候，你应尽量委婉地说明，以和气的方式来表达自己不同的见地。同时你要从最客观的角度出发，尽量站在对方的角度去解释你拒绝的理由。这样一来，即使你拒绝了他人，对方还是会因为你的诚恳态度而感动不已，从而体谅你的难处。

在人脉营造的过程中，如何去恰当地拒绝他人其实是一个极能考量个人交际能力的问题，真正的人脉高手，大多数都能从容地做到这一点。他们不仅可以成功地避免拒绝所带来的种种尴尬，而且能够让拒绝的理由显得光明而充足，从而在自我人际网络中留下成熟、干练的印象。

营造人脉的成功秘密

人际网络中的“老实鲤鱼”是什么模样的？他们大多具有这样的特点：过分善良、不懂得分辨局势、不懂得说“不”，更不能有效地利用手中的人脉资源，为自己赢得人生与事业上的进步。在这种人的面前，即使有再好的资源，他们也不懂得利用。对照一下自己吧，如果你是这样的人，不如从现在做起，改正自己的“老实”形象。

7 真经不能空取，交易是人脉的本质

朋友之间之所以会建立起关系、互相产生感情上的信任与依赖，在很大程度上是因为人性有“趋利避害”的本质：我们关心朋友的利益，是因为我们期望对方的利益可以惠及自己。就算是在真正的朋友之间，也往往会存在这样的现象：相互之间期望对方可以为自己做一些事情，在需要的时候，互相帮助、互相提供社会支援。从这一角度上来说，交际的意义就在于此。

真经不可轻传，亦不可轻取

生活中的有些人总是对“交易式人脉”心存芥蒂，可是日常生活中的人脉交往之所以能够成功，往往立足于“彼此对彼此有用”上。你是否也曾经遇到过这样的事情：你的朋友总是企图从你这里获得某些东西？在向他人提供某种帮助之后，你也总是渴望对方回报你？

这种心理感受其主题归根结底是“给予”与“回报”，其实质就是一种“交换”。若是朋友间感情长久的基础在于以“交换”为基本模式的交往的话，那么，其他的社会行为也应遵循“交换”的原则与规则。最能够说明这种事实的，是小说《西游记》中的一个片段：

历经磨难之后，唐僧师徒终于来到了佛教圣地灵山。而此时，如来早已召集八位菩萨、四大金刚、五百罗汉、三千揭谛、十一大曜、十八伽蓝，众僧排成两列，对这队真心求取真经的取经人进行隆重的欢迎。在师徒按礼仪行礼、表达了求取真经之心后，如来佛大发慈悲之心，向唐僧师徒四人对经文的类别与作用进行了详细的介绍。之后，又吩咐手下阿傩、迦叶两位尊者，带师徒四人到珍楼吃一些斋食，然后将藏经阁中的经书各选一套，令唐僧带回中土。

且说阿傩、迦叶奉了佛旨、款待四人用完斋饭后，几人一起到了藏经阁挑选经书。正当师徒四人沉浸于欢喜之中时，两位尊者却突然说道：“圣僧东土到此，有些什么‘人事’送我们？快拿出来，好传经与你去。”

唐僧自然未曾预料到对方会有此一言，于是道：“弟子玄奘，来路迢遥，并没有准备什么礼物。”两位尊者自然不依：“这样可好！如果都这样白手传经继世，莫不是想要传经人都饿死吧！”

唐僧师徒四人听了之后，自然心中窝火，而一向脾气暴躁的孙悟空更是忍不住，跳起来要理论一番：“佛山圣地，你们竟敢如此放肆，还要公然索贿，胆子也太大了！我们可要去禀告如来，教他亲自来传经！”孙猴子的威力尊者自然知道，阿傩忙说：“莫嚷！这里是什么地方，还由得你来撒野放刁！罢了，你们到这边来接经吧。”

历尽千难万苦，经书总算到手，但是令唐僧师徒意想不到的是，因为未送礼物，阿傩、迦叶竟然传给了他们一套无字经书。若不是燃灯古佛好心设计，师徒四人恐怕就要带着空白经书回到大唐了。激怒之下，师徒四人再次回到大雄宝殿，向如来佛告状。

然而，令师徒更意想不到的是，如来佛对这种“人事”索要竟然持以支持的态度：“你们先别吵嚷，两位尊者向你们索要‘人事’，这个我已经知道了。可是，你们知道吗？从前众僧下山到舍卫国赵长者家诵了一遍经，讨得他三斗三升米粒黄金回来，我还说他们卖得太便宜了。所以啊，真经不可轻传，亦不可以空取。你如今空手来取，是以传了无字的真经。你们要换取有字真经，还是去找阿傩、迦叶两位尊者吧！”

耐人寻味的是，两位尊者在领了师徒去换有字真经时，依然坚持向四人索要礼物。无可奈何的唐僧只好将唐太宗赐给他们的紫金钵盂奉送给对方。二位尊者这才重新打开宝阁，将五千零四十八部经卷传授给他们。

《西游记》之所以在数百年的时间里依然能够吸引甚至倾倒无数人，也正是因为书中折射出的真实世界。从这一点来讲，取经故事中的“真经不可空取”或许并不是单纯地让人窝火，而是一种似曾熟悉的情状：交易是人事的本质。

再深一层来看，“真经不可轻传，亦不可轻取”的故事所蕴藏的正是深刻的人生哲理，它折射出的是人间社会的一条基本的准则：想要获得，就先要付出。付出与获得所构成的交易过程，正是社会互动中的一项基本准则。这一准则在社会中商业、政治领域中适用，在人脉、人情方面同样适用。

交换理论在人脉中的运用

20世纪50年代末期，美国学术界兴起了新的社会互动理论。该理论指出，人类的相互交往与社会联系本身就是一种社会交换过程。更具体来说，根据这一理论，大部分的社会互动现象都能够归结为，在至少两人间进行的、有代价的、带有报偿性的（包括了物质与非物质的、可见或不可见的）交换活动。根据这一理论，交换行为无处不在，而我们的人脉交往更是可以用这一交换原理来进行阐述。

电影《教父》中有这样一个片段：棺材铺的老板亚美利哥·勃纳瑟拉决心要利用黑社会教父考利昂替自己出气，为自己的女儿讨回公道的时候，勃纳瑟拉便是“索取方”。在多年以后，教父考利昂终于在一个深夜敲开了亚美利哥的门……

也就是说，教父考利昂之所以会对勃纳瑟拉伸手相助，正是因为他知道，迟早有一天，自己积累下来的这条人脉会帮助自己。

在这个世界上最真实的一句话就是：没有人是不可取代的。人们多半只会对那些对自己有着绝对利用价值的人与事产生持久的兴趣。我们身处一个现实的社会里，没有人会主动地去接近一个乞丐。除非你真的能够让人看出你所拥有的潜在价值，否则，在人际交往中，你只会成为被人们轻轻掸掉的“灰尘”，因为对他们而言，你本身没有任何的“可利用价值”——你没有任何能够与他们交换的东西，当这种交往变得无利可图时，他人又何必在你的身上浪费有限的时间与精力呢？

让自己拥有与人交易的资本

因此，在对自己的人脉进行盘点之前，你首先要扪心自问："对别人来说，我的存在有用吗？"因为你的价值是你向他人借力的关键：你有多大的价值，他人便愿意借给你多大的力，你越是有价值，就越是能够在人脉中凸显出重要性，越是容易建立起广泛的人脉关系。也就是说，专心打造自己，将自己打造成一个优秀的人，要比其他所有的任何东西都更加重要。

可以说，生活的智慧就在于此，有时候，集中精力将那些可以改变的改变掉，将那些无法改变的暂时忽略掉，便是最重要的事情：创造出自己的"交易价值"，无疑是你眼下能够做到的事情。

当你决定要改变自己在人脉中的被动地位时，不如先集中全力对自己的核心能力进行打造。人脉本身就是一种相互影响、相互作用的"共荣"关系，在你利用别人以前，应先对自己的"交易价值"进行创造与改变，同时要愿意付出、敢于付出。因为与其一味地干等所谓的"贵人相助"，不如对自己所具备的优势进行发掘，知道自己能够在哪些领域、哪些地方去帮助他人。

当你感觉自己"没有什么特别的专长"或是自己"会的东西并没有什么了不起"时，千万不要就此心生自卑，因为自卑是阻断你进一步拓展人际圈的主要阻力。每一个人都是独一无二的个体，在这种情况下，不妨发挥出自己的创意，对自己进行二次的包装。在必要时，对新的事物、技术进行学习，同时清楚地向他人介绍自己的专长与特色，如此一来，有助于将自己的能力与他人的需求联结起来，从而创造出更多发展人脉的空间。

另外，当你向别人传递他人的价值时，不妨借助于这种人脉，让自己成为人际中的一个枢纽中心。你应该意识到：你很有价值，你身边有很多朋友也拥有各自的价值，这样的话，你可以将他们联系起来，使彼此之间能够传递更多的价值。若是你仅仅是接受或者发出信息的一个终点的话，那么，你的人脉所产生的价值往往是极为有限的。但是，若你可以将自己发展成为信息与价值之间进行交换的一个终点，那么，不仅你的朋友会更愿意与你交往，而且你也能促进更多的机会，从而使自己的人脉进一步巩固与扩大。

营造人脉的成功秘密

真经不能空取，若你身上没有能够吸引他人的价值时，就算你真的结识了“贵人”，对方也会弃你而去。但是，若你能意识到人脉中的交易本质，并让自己不断成长的话，你便会发现：当你真的变成了某一领域的专家、权威人士时，那些真正意义上的、有价值的、高效的人脉便会主动地来找你，而你所遇到的人将会来自于完全不同的层面上，来自于各种意想不到的方向。而你，也不再是过去那个一无是处的你，你的角色也早已从人脉网中的索取者变身成了助人者。

第三章

拆掉思维里的墙，升级人脉需要从改变自我开始

好的思维方式会让你事半功倍，糟糕的思维方式却会让你事倍功半。无数的寻梦者在一道道看不见的僵化思维与陈旧观念所组成的“鬼打墙”面前，踏破铁鞋却最终无功而返。想要将自己的人生由失败改为成功、由平庸改为出色，你便需要从全面改变自我思维开始。

世界真的很小——你与总统之间只有6个人的距离

我们总是在不断地感叹，自己相对于这个庞大的世界来说有多么渺小，在我们的身边有那么多的成功者，但是我们却无缘相识。我们与他们之间，就如来自于两个世界一般，大家过着不同的生活、有着不同的人际网络。不过，现在你有机会去更正自己的观念：地球其实很小，你与那些成功者之间的距离并没有你想象的那么遥远。

六度分隔理论让你见识到新的人际交往可能性

1967年，美国哈佛大学的心理学教授斯坦利·米尔格拉提出了一个震惊世界的新理论：六度分隔理论。六度分隔理论简单来说就是：你与任何一个陌生人之间所间隔的人数不会超过6个，也就是说，最多通过6个人，你就能够认识你想认识的人。或许，你并不认识李嘉诚，但是，通过6个人，你便能够与他相识。

这一理论的提出使人们惊讶，因为它所揭示的事实是如此新颖。现实生活中，很多人总是认为自己没有人脉关系可以利用，他们也不知道如何才能改善自己所处的尴尬局面。而六度分隔理论的提出，使世人明确了这样的事实：每一个人都有足够的社会关系，只是个人未能进行足够的开发罢了。这一理论使我们生活的大世界瞬间变成了“小世界”：只要寻找到一定的联系方式，人与人之间完全可以建立起联系，就算再多的人际链条都可以打通。

德国法兰克福市有一家传统的土耳其烤肉店，老板是伊拉克移民。虽然店面并不大，但是因为他们的烤肉做得十分正宗，所以很受当地人的欢迎。有一次，一位新闻记者到店里去吃烤肉时，与老板攀谈了起来。正好，当时电视里正在播放马龙·白兰度主演的一部影片。看到白兰度时，一向稳重的老板显得有些激动，他说，白兰度是自己的偶像，而他一直有一个心愿，期望有一天白兰度可以到自己的店中，亲自尝一下他做的烤肉。

这本来是一次普通的聊天，没有想到，那位新闻记者却上了心。在他看来，一位普通的烤肉店老板想要认识好莱坞大明星，这本身就是一个极佳的新闻素材。于是，他鼓励这位老板发动自己身边的人脉关系，去与白兰度取得联系。

在开始时，老板感觉这个想法有些荒谬。后来，在报社工作人员的劝说之下，他决定试一下。几个月之后，报社工作人员发现，这位老板最终实现了自己的愿望，而他与白兰度之间的距离只不过是6个人的私交而已：这位烤肉店的老板本身是伊拉克移民，而他有个伊拉克朋友就住在加州，刚好这位朋友的同事，是白兰度主演的某部电视剧的制作人的女儿的结拜姐妹的男朋友。

听起来好像事情非常神奇，但是事实就是如此。根据此事，国外流行起了这样一句话：“每个人距总统只有6个人的距离。”原因很简单：你认识一些人，而这些人又有他们自己的人际网络……这种人际间的连锁反应会一直处于不断的延续之中。可以想象，你不断扩展的人脉中，总有一个人与总统之间有联系。

六度分隔理论所证实的正是这样一个普遍的社交规律：在现代社会里，每一个人都可以通过“六度分隔理论”联系起来，世界上不存在绝对没有联系的两个人。每一个人都有自己特定的人际网络与社会角色，在各种关系的影响之下，人与人之间可以通过一条快捷的链条取得联系。

在大世界里，建立起自己的小世界

六度分隔理论其实也可以被称为“小世界理论”，在这个小世界里，只要你想，而且运用了正确的方法去寻找，你便能够冲破人与人之间的阻碍，以最快的速度和最短的距离与你期望认识的那个人交往。一切就如同发生了时空扭曲一般：因为这种小世界理论的存在，处于最远距离的两个人，在不断的人际关系中发现，他们之间其实近在咫尺。

六度分隔的现象，并不是说任何人与人之间的联系都必须通过六个层次才能够产生联系，而是表达了一个重要的人际交往概念：任何两位素不相识的人之间，通过一定的联系方式，总是可以产生必然的联系与关系。当然，因为个人所采用的联系方式与联系能力的不同，实现个人期望的机遇也将出现明显的区别。

因此，想要让六度分隔理论在自己的生活中发挥作用，需要明确一定的方法，因为人脉的积累过程本身就是一个信息传递的过程：一旦中间传递错误，那么你的小世界便会在瞬间崩溃。

六度分隔理论的实际成功其实也说明了社会中普遍存在的“弱纽带”，这种弱纽带看似不起眼，但是却发挥着强大的作用。

从蒂娜下面的叙述中，你可以发现六度分隔理论的真实性与现实可操作性。她通过这一理论，与一家心仪已久的公司建立起了联系，并成功地与对方的人事主管见面，最终进入了该公司工作。

在一份工作中，我与爱丽丝一起就某个项目合作过；

我与爱丽丝的哥哥亚当成为了好朋友；

亚当帮助我找到了第二份工作，随后，为了上班方便，我搬家了；

当我期望重新回到从前工作过的城市后，我将自己的简历给了亚当；

亚当将我的简历发给了一个他的朋友查尔；

查尔将我的简历给了他现在工作的主管之一可米；

凑巧的是，在第一份工作中，我曾经与可米见过面；

对我还留有印象的可米将我的简历给了公司的人事主管高博；

高博对我进行了面试，并决定聘任我。

如今，蒂娜依然在这家公司愉快地工作，在获得工作的那天，她将帮助到自己的这六个人约到了一起，共进了晚餐。如今，他们也偶尔会在一起聚会。

这一现实案例对于现在正期望运用六度分隔理论从人脉中寻找新机会的求职者有着重要的意义，那就是想要与自己期望认识的关键人物取得联系，可能只需要自己多年来在生活与工作中所结识的朋友的帮助就可以做到，但是，如果你期望通过这种途径来获得帮助，你便需要更明确的目标。下面就是运用六度分隔理论进行人脉扩展时的三个最基本步骤：

（1）首先，确定你想要认识的人是哪一领域的，你期望他能够对你提供怎样的帮助，在确定了这两个前提之后，再为自己确定两到三个同样可以帮助你达到目的的备选目标。

（2）其次，确定自己想要获得的帮助到底是什么，这一帮助内容必须要具体，比如，“我想获得个人在酒店管理方面的经验成长”就比“我想获得管理经验的成长”要好得多，而且，你需要对自己最理想状态下的某些具体的成长要求进行深入的研究与分析。

（3）最后，开始全面地动用自己的人脉网络，这些网络应该包括你在工作与生活中所交的朋友，你要充分地运用已知的信息——他们各自的工作岗位、具体的工作部门，然后向你联系的朋友提出一些具体的问题，例如：

“你有没有认识这样的人，他与我所从事的行业有着极深的关系？”

“你有没有在酒店管理方面从业超过五年的朋友？”

“你有没有哪个朋友从事过酒店管理方面的工作？”

在联系的过程中，你一定要始终保持目标明确，只有保持这一目标，你才能保证自己的人脉扩展方向始终是围绕着“酒店管理”的方向发展的。你应充分地利用你所能找到的一切相关的信息，哪怕是一些小道的消息。

你所付出的努力都是值得的，因为有的时候，仅仅是一条信息，就可以使你与目标的距离更近一步。

营造人脉的成功秘密

六度分隔理论的具体运用固然需要长期的练习，但是它所存在的意义绝非一般性的人脉塑造理论：它的成功使越来越多的人意识到，虽然自己只是一个普通人，但是，只要肯在人际沟通方面不断地努力，你便一定能够有所收获。所以，从这一刻起，别再认为自己不可能结识成功人士了，因为按照六度分隔理论，你与奥巴马、李嘉诚、比尔•盖茨相识，完全是可能的事情。

2 明确弱联系优势，看到人脉网络中的“陌生”贵人

我们每一个人都有一个经常联系的核心人脉圈子，日常生活中，我们经常会与圈中的人进行频繁的交流，这一圈子中，有我们的密友、有我们的亲人。可是，不容忽视的事实是，除了这一核心人脉圈子以外，我们与社会、与他人之间还有弱关系的存在：那些不常联系的人就是我们的弱关系，而不同人脉圈子之间的信息流动多半是由这种弱关系建立起来的。

关系强度理论，让你明确生活中的那些弱联系

回头想一下，你的记事本中是不是总有一些并不常联系的人，而这些人的信息你之所以还在保留，就是因为你不知道什么时候会与他们发生利益上的交换，这些人就属于你的弱关系。

1973 年，美国社会学家马克•格兰诺维特在经过了多年的研究之后，提出了关系强度理论。他根据人与人之间的熟悉程度、交往频率、利益交换频率、情感依恋程度 4 个指数，将人际关系分为弱联系和强联系。与此同时，他还对美国社会的劳动力流动问题进行了深入的研究，并从中发现，当个人运用他们的人脉网络进行求职时，他们多半会通过弱联系而非强联系来获得与自己相配的工作机会，而且这种工作机会往往要更好、更适合自己。

波特在几年前曾经通过自己的弱联系获得过一个极佳的工作机会。

当时，他正在一家公司担任业务主管，因为与上司沟通不畅，导致他的工作进展困难。那时，他准备换一个工作环境，并准备在贸易领域中寻找到一个新的工作机会。

波特的好友米歇尔的男友乔恩是一家猎头公司的员工，米歇尔在无意间提到了波特的事情。在几天之后，乔恩的一个来自于外贸公司的客户告诉他,自己的公司需要一个精通业务的人员。乔恩便想起了波特。

他告诉自己的客户，或许自己可以向他推荐一个人，此人曾经担任过业务主管，目前正在寻找新的就业机会。客户答应与波特见面，并约定了具体的时间。

第二天，通过乔恩的牵线，波特与客户见了面，两人相谈甚欢，会谈完毕之后，对方决定以优厚的待遇来聘用波特。

波特的例子只是运用弱联系人的一个最常见例子而已，在现实生活中，你我皆在有意或无意间运用过人脉网络中的这种弱联系，只是在当时，我们并没有意识到弱联系的作用，更没有料想到，这种个人关系策略可以获得比其他方法更令自己满意的求职、交往结果。

进一步明确弱关系的优势

事实上，你可能没有意识到，那些你并不经常联系的人，往往会成为改变你职业生涯的关键所在。至于为什么弱联系会成为改变个人人生走向的关键，国际人才专家费洛迪认为，主要原因有以下几点：

1. 在求职发展过程中，个人关系往往日趋重要

根据美国相关机构的调查，“个人关系”是被招聘者与应聘者运用得最多的方法，其比例高达56%。多数求职者喜欢用这种方法，因为他们相信，这种方法会使自己获得更多、更优质的求职信息；大多数的招聘者也倾向于通过“个人关系”来寻找人才，因为这样，他们可以对求职者的优势、个人特点拥有更清晰的认识。

2. 弱联系往往可以传递更新的信息

这种事实的存在使我们不得不去思考：为什么弱联系会比牢固的亲友关系等各种强联系具有更大的优势？其实，如果对人脉的实质进行深入剖析的话，我们便会发现，越是关系紧密的朋友，提供信息的广度越小。因为强关系多是人与人之间建立起来的内部性的枢纽，你与自己的哥哥、密友所获得的信息大多有很高的重复性，因为你们相互间的强联系网络重复面过高，所以相对于个人发展而言，有价值的信息便会减少。

而弱关系的作用便在此时进一步凸显出来：它在两个信息重复面不高、群体成员相同率不高的群体之间建立起了联系，而由此人们便容易获得有价值的、不重复的信息。这种跨越了群体的关系往往是进一步通向有价值的那些资源性信息的关键。

3. 弱联系间不会产生主观的印象

弱联系之间往往存在较少的沟通，信息提供者对于当事人的实际情况并不是很了解，而仅仅是对其在某种能力上有模糊的认识，所以，在提供信息的过程中，对于当事人的能力评估，是基于正向基础之上，或者“粗加工”之后的。比如，如果你朋友的公司需要一位人力资源经理，而你恰好认识这样的人，那么你很可能会向他推荐这样一个人，但是，对方是否真的适合这一职位，你并不了解。

但是在强关系之间，情况却往往相反，因为彼此之间太熟悉，在提供信息之前，往往主观地将自己判定为“不合适”的信息屏蔽掉，而只是向需要者提供一些好的信息。拿上述例子来说，若你推荐的人是你的家人，你很可

能不会告诉你的朋友，他其实并不具备担任经理的资质。

4. 信息的双方并不存在道义上的顾忌

弱联系之间往往只是存在信息的单纯传递，因为不存在道义上的束缚，所以不需要顾忌在信息传达之后会产生怎样的后果，信息可以实现最大化的传递。而朋友之间形成信息传达时，往往还要从道义上对信息传递的后果进行评估。由于每一个人都期望结果是好的，所以，在强联系之间，为了规避风险，我们往往会将信息量降低。

谁才是你弱联系的贵人

现在，你已经认识到了弱联系的好处，那么，什么样的“弱联系人”对你的未来发展是最有利的？

费洛迪给出了答案：

- 弱联系人应该是职业性的，而不是社会化的联系，只有这样，他们向你提供的信息才有可能是与你的职业发展相关的；
- 弱联系之间的信息链条非常短。这意味着，他们要么认识你，要么认识你的某一位熟人。一般来说，你们之间的关系链不应超过两层，因为一旦超过两层，便会使信息的准确性大大下降。

具体来说，你的“弱联系”应该在你正常的交际范围之内、但不经常联系的那些关系人，比如，你的邻居、你的校友、同乡会的成员或者某俱乐部的成员等。

营造人脉的成功秘密

了解弱联系的作用以后，在寻找工作时，你是否还会单纯地向自己的熟人求助？其实，当你决定在职业生涯上进行变动的时候，“弱联系”往往能提供给你意想不到的帮助，你是否能够把握这种联系，将会直接对你的个人职业发展产生重要的影响。

3 100/40人脉法则：让关键性人脉提升你的交际效率

如果你现在依然停留在“人脉圈子”就是简单的朋友、家人、合作伙伴与俱乐部里认识的熟人的话，那么，你的思想已经落伍了。若你期望在实现人生目标与追逐自我梦想的路上能够让自己有所斩获的话，你便必须要改变那种“人脉即认识更多熟人”的错误想法。

100/40人脉法则：拥有神奇力量的交际法则

我们每一个人都有自己的生活圈子，这个圈子就是自己的人脉圈、社交圈。每一个人的生活圈子都是相互联系，而建立在这种联系上的大多数人在本性上都是善良的，但是他们大多数却并非你人生中能够利用到的、可以对你起到促进作用的：你与他们的接触多半是实用化的。这种实用化就如同你每天都与门口的保安人员接触，但是却并不会想要与他们发生深入的联系一样：这种接触多半是一次性的愉快交易，却并不会改变你的生活。而在100/40人脉法则中，我们所强调的是那些真正可以深刻地影响到你生活的人，因为你为他们赋予了极高的价值，无论在私人领域还是职业领域中，对你而言，他们都是至关重要的。

“100/40人脉法则”其实是成功阶层中通用的人际关系法则，其主要意义在于，借助于人生中的关键性力量来实现自我梦想与目标。在“100/40人脉法则”里，“100”与“40”其实并非准确的数字，而是两个具有代表性意义的标志而已：它们只是代表了数量上的差异。“100”所代表的是你的关键性力量，而“40”则意味着你的梦想与目标，这一差异意味着，在你的关键性力量中，能够与你的梦想与目标产生联系的人并不多，因为每一个人的具体人脉资源与梦想和目标都有所不同。成功的人脉建立的关键在于，如何让自己在人脉关系中，实现“100”与“40”的连接，即如何将人脉与自我梦想结合起来，只要你这样做了，你便能够获得事半功倍的效果。

安德鲁·卡内基出生在一个普通的家庭里，他的父亲以手工纺织亚麻格子布为生，母亲则靠为大家缝鞋作为副业。在13岁那年，当地的手工纺织业受到了极大的冲击，家中的生活每况愈下。后来，生活实在无法支撑下去时，父亲带着全家人一起移民到了美国。卡内基就此开始了自己半读半工的艰辛生活。

在多年的打工生涯后，培养出坚韧意志的卡内基在1853年去应聘宾夕法尼亚州铁路公司的电报员，在应聘的过程中，他被该公司的西部管区主任斯考特看中，对方不仅同意为他提供职位，还聘请他担任了自己的秘书。从此以后，卡内基的人生便进入了上升阶段。他紧紧跟随斯考特，勤恳地为斯考特服务。

斯考特对这个工作卖力的小伙子非常赏识，所以也总是不遗余力地培养他。随着斯考特在公司中的职位一升再升，卡内基也平步青云，在24岁那年，他便担任了该公司西部管区的主任。

卡内基人生首次参与投资也是托了斯考特先生的福。当时，斯考特的朋友因为急需用钱，而需要将手中所握有的亚当斯快运的股票转让，在得知这一消息后，他力劝卡内基以500元的价格买下10股股票。可是，当时卡内基的全部积蓄也不过50元，面对这样一笔超出了自我承受能力的支出，卡内基非常犹豫。

斯考特看出了卡内基的疑问，便向他解释，亚当斯快运公司是美国历史最悠久的快运公司，它的业务遍及美国各地，而且当时还正在经营银行业务。最关键的是，这是一只非常稳定的股票，其红利高达一股一元，日后还有升值的可能性。一旦错过这个发财的机会，很可能再也遇不到了。

在斯考特的描述下，卡内基被打动了，可奈何他根本没有闲钱去购买这些股票：当时，他那久病未愈的父亲刚刚去世，他不仅要偿还父亲生前欠下来的医药费与死后的丧葬费，更要担负一家人的生计支出，实在有些心有余而力不足。此时，斯考特借给了他一笔钱，使他有能力去购买这些股票。

这些股票不久便升值了，卡内基因此而尝到了甜头，在将自己所获得的红利当做利息偿还给斯考特之后，他便开始不断地琢磨怎样才能获得更多的投资机会。

不久之后，发明家伍德拉夫发明了卧铺车，在斯考特的关系帮助之下，卡内基又成功地将卧铺车引荐给了宾夕法尼亚铁路公司。随后，美国首个火车卧铺车厢制造公司就此成立。从上次成功的投资经验中，卡内基早已明白了投资的好处，这一次，他大胆出手，通过向银行借贷，买下了该公司 1/38 的股份。之后，他所获得的回报也是惊人的丰厚：一年之内，仅 200 美元的投资便为他赢得了 5000 多美元的股票红利。

此后，卡内基利用这些股票投资上得来的赢利，正式开启了自己的事业。

对于卡内基而言，斯考特便是他人生中的关键性力量，他就是“100/40人脉法则”中将“100”与“40”联系起来的那个人。

其实，正是因为“100/40 人脉法则”在生活中帮助大量的人走向了成功，所以，我们甚至能够预测到那些精于此道的人运用此法则的最终结果。

改变错误观念，走向正确的关键性人脉交际

乍看之下，“100/40 人脉法则”与二八原则有相似之处：两者都是以数量来界定人际交往理论的。但事实上，“二八法则”所强调的是如何去营造更多的人脉，然后在人脉中甄选出对自己有利的那一小部分，而“100/40 人脉法则”告诉你的是，你如何才能将自己所拥有的人脉与自己的梦想联系在一起，如何才能从自己已有的人脉中找出那些对你切实有帮助的人。“关键性关系”绝对是其中出类拔萃的关系。

那些善于利用“100/40 人脉法则”为自己赢得利益的人，往往与 6 种人拥有很好的关系：

● 可以为自己提供新知识、新信息的人；

● 拥有正式或者非正式权力的人；

● 可以提供个人发展反馈、对自我决策进行挑战、同时能够推动自我进步的人；

● 可以向自己提供支持的人；

● 可以为自己增加目的感与价值感的人；

● 可以使自己的生活与工作达到平衡的人。

而另一方面，“100/40 人脉法则”更侧重的是那些对于你的人生具有足够分量的极少数人。它所强调的是，你应尽量与那些比自己能力强或者有互补能力的人进行交往，这些人的能力越强，对你所起到的帮助作用就会越大。一般来说，这样的人主要有以下几种：

1. 导师型的朋友

他们会不断地对你进行激励，让你看到自己身上的优点，这类朋友并不一定是你现实生活中的师长，但一定在某些领域中拥有着丰富的经验，是可以在事业、人际交往等方面为你提供建议的人，拥有此类的朋友，可以让你获得最大限度上的心理支持。

2. 维护型的朋友

他们会对你一直维护，同时在他人面前称赞你，与此类朋友相交，往往可以获得相互的支持，你们会互相打气，这种彼此间的鼓励有利于共同的成长。在一个人的成长过程中，朋友间的支持与鼓励往往是最珍贵的，一旦遇到了挫折，这类的朋友往往能够分担你一部分的心理压力。

3. 有默契的朋友

他们与你有着相近的兴趣，同时也是非常容易相处的人。大家在一起时，会因为想的事情、说的话相近而经常产生心有灵犀的感觉。与他们交往，你会不断地产生自我认同，大家的兴趣、人生目标或是爱好都可以分享。这种稳定的感受会让你在心理上获得最大的安全感，他们会使你更容易实现理想，同时获得更多的快乐。

4. 帮助型的朋友

与此类的朋友交往，你会很快融入到对方的圈子中去，他们乐于向你介绍一些志同道合的朋友，此类朋友在你人生得意之时很可能不会出现；但是，当你失意时，他们往往会及时地出现。他们始终愿意向你提供最现实的支持，令你看到希望与机会，以及不断地获得积极的心理暗示。

5. 知识型朋友

这类朋友在你的人生中必不可少，他们拥有更多的新观点、新知识，他们的知识广、视野宽，并具有较多的人脉网络，会帮助你获得多种不同的知识，令你站得更高、看得更远。

6. 引导型的朋友

他们往往思路清晰，在你需要建议、指导与思路的时候，这些朋友可以为你提供帮助。每一个人都有自己的困难与问题，但是，单靠个人能力无法化解的时候，这类朋友会最认真、最及时地帮助你去考虑问题，提供最恰当的建议。在你焦虑、困惑的时候，他们往往能够帮助你找到明确的方向。

人脉资源的丰厚的确对自我发展会起到一定的作用，但是对你的未来发展起到决定性作用的因素在于，这些丰厚的人脉中，是否有有效的人际关系存在。对于一个人的前途和命运具有决定性作用与重大影响的那些人物通常只有几个甚至一个，运用“100/40 人脉法则”去经营人脉资源，就是要花费时间与力气、金钱去维护好这些具有分量的人，因为他们与你的人生目标、梦想有着直接的联系。

营造人脉的成功秘密

利用“100/40 人脉法则”去认识关键人物与重要人物，最重要的在于你首先要开放自己，从各种渠道入手，而不仅仅是局限于你经常接触的圈子，除非你本身已经是一个非常高端的人物了。比如，若你的身份是学生，你可以争取以志愿者或者义工的身份去参与学校各种重要的活动、校外的会展、成功人士的论坛等；毕业生则可以争取进入一流的大公司，通过职业交际，与更多的杰出人士结识；拥有一定的积蓄和工作经验者，便可以多多参与到那些有顶尖人士的会议或者论坛中去。

4 重视网络，因为它是最廉价的人脉通道

网络被称为 20 世纪最伟大的发明。网络的普及，更是令我们可以在瞬间实现全球互动，如今，网络已成为了人们最主要的通信、沟通工具之一，而你若不重视网络的话，你的人脉资源便会大大缩水。

擦亮眼睛，看到网络的优势

现如今，互联网技术的高速发展和应用大大缩短了人与人之间的空间距离，也为分属于不同国家、不同地域间的人们互相熟识提供了更加便捷的途径。生活在这样一种大环境下的人们，不应该浪费和拒绝网络这种便捷的工具，应该更好地利用它的优势，快速地建立属于自己的人脉资源网。

乔治在芝加哥的一家医疗器械公司任职。工作之余，乔治最喜欢的事情之一就是上网、写博客。每天晚上回到家，吃完晚饭后，他就会准时打开电脑，将自己一天的工作经历以及在职场打拼的体会、经验、

教训、甘苦等贴在博客上。

不仅如此，他也喜欢加入各种博客圈子，并在自己的博客空间上添加很多有价值的博客链接。有一次，在浏览一个博主的博客时，他发现了一篇很精彩的文章，读完之后，他把自己的读后感以及对文章的肯定和赞美写在了评论栏。他觉得这位博主一定是一个了不起的人，所以就与他建立起了链接。就这样,两人建立了坦诚交流的“博缘”,非常投机。

大约半年后，有一天，乔治下班刚回到家，就接到了一个陌生人打来的电话。这个电话正是那位投缘的“博友”打来的。那位朋友告诉乔治，自己正在芝加哥出差，问能否见上一面。见面交谈了近两个小时之后，对方才递上自己的名片，并问乔治是否愿意到他的企业去工作。原来，这位“博友”竟然是美国医疗器械行业龙头老大的老板。

后来，乔治成了那家顶级公司的营销总监。

正是由于乔治和那位“博友”在网上不设防的交流，使得双方对彼此的价值观、思想、爱好、兴趣、处世原则、能力等有了最真实的了解。因此，一直到现在，乔治都和老板保持着良好的友谊。目前，乔治担任了9个博客版面的“版主”。据他说，利用网络他已在全国各州有了近30位比较知心的朋友，此举大大促进了他业务的开展，他自己也为人脉资源的延伸激动不已。

乔治的成功证明了网络扩展人脉的可行性。通过网上个人空间来结交朋友不仅是一种潮流，还是一种有效的人脉管理方法。通过网上个人空间，可以瞬间让全国乃至全世界每一个角落的人都知道自己，可谓是独一无二的宣传手段。而且最为特别的是，这个宣传工具绝对不会受到时间和地域的限制。

在互联网上，不管男女老少，都可以在任何时候任何地方和自己有着共同爱好兴趣的人相互交流，共同分享各种信息。你可以很容易就和对方变得亲近，成为朋友，不用考虑你给对方提供的信息是否有价值等问题。

全力发动网络能量，扩展自我人脉

目前，国内网民的人数正在以惊人的速度增加，同时，越来越多的人习惯将网络当成休闲、工作的主要窗口，再加上网络本身并不需要过多的投入，因此，通过互联网来开拓自己的人脉是一条非常有效而又经济的途径。

以下便是一些通过网络拓展人脉的有效方法：

1. 有针对性地加入各类专业性的社区网站

有针对性地加入各类专业性、学术性的社区网站，同时邀请自己的朋友成为它们的会员，是一个结识新朋友的好方法。此类的网站多半会提供一个开放性的环境，而根据六度分隔理论，你的朋友若是同样邀请他的朋友成为网站的会员的话，那么，很快你便会与尚不属于你的网络人脉或者同行人士建立起联系。

同时，网站本身所具有的搜索功能也可以令你有效地寻找到潜在的顾客、合作伙伴、专家、同事、新员工以及其他的商业联系人。而且，网络还可以组合不同的搜索项目，例如，公司、城市、组织、大学、职位等使你的名单人数很快便可以多达几百、几千，而你所需要做的，就是在这些人中甄选与你最有机会相识、对你的发展最有利的那些人。

另一方面，因为你所加入的社区网络具有专业性的特点，所以你得以在专业的环境中销售自己。此类网站多半会提供档案服务与名片服务，这些服务令每一个成员都能够根据自己的需要向外界进行自我资源、优势、爱好、特点、目的的展示，使盲目联系大大减少，从而在节省时间的同时，降低了沟通的成本。

2. 在网站上发起创业、学习、健康一类的话题

网络所具备的力量远远超过我们的想象，你可以在自己所加入的网站中，发起与个人爱好、未来发展趋势相关的一些话题，如创业、学习、健康等都是不错的话题选择。更具有意义的是，通常情况下，此类的网站可以让每一个会员都有机会创立起自己的主题社区，同时发起线下的聚会。如果你

有足够的组织能力的话，则完全可以发挥自己的特长，组织一些活动，这样可以充分地展示自己的个人魅力与风采，对陌生人群产生吸引力，为日后寻找伙伴、朋友埋下伏笔。

3. 利用即时通信工具来获得联系

如今，早已有无数的即时通信工具，国内大多数的网民都是用这种即时通信工具来闲聊，但事实上，它们最突出的功能是交流。这些即时通信工具是快速的交际工具，因为它们能够帮助你发现自己的潜在人脉与你所需要的关系。

比如，当你期望结识一些在IT业内从事编程工作的人时，你便可以登录一些有职业查询功能的工具，并在查找栏中输入“IT　编程”，成千上万的相关从业者便会出现在你的面前，你可以将他们加为好友，或是选择与其中的任何一个人聊天，向他们了解相关的情况，收集有关的情报与信息，从中寻找到更多的商机，或是选择自己的合作伙伴。

4. 利用电子邮件增进已有人脉之间的感情

或许你本身是一个不善言辞的人，你有几个想要联系的朋友，但是你害怕自己口拙导致对方误解，此时你便可以通过电子邮件来进行感情联络。虽然电话也很方便，可通信内容却往往无法记录，而电子邮件却能将一些重要的信息与你最期望达到的目标表现出来。

相比于书信、电话，电子邮件准确度、廉价度与速度皆可称得上是一流，只需要几秒钟的时间，你便能够将你的信息传递到世界上任意的角落。而且，你的信息还可以被保存下来，方便被接收者进行仔细的阅读与重温，从而更准确地理解你想要表达的意思。

5. 懂得利用博客、论坛与其他网络平台的价值

网络论坛上往往藏龙卧虎，他们来自于不同的行业，拥有着截然不同的身份，而其背后所代表的，其实就是各种对你拥有无穷价值的圈子。在些平台上，我们往往能够找到许多与自己志同道合的人，这种方式简便而又迅速，几乎不需要成本。

在这些地方，我们很容易找到对自己有利的人脉，搜集到大量对自己有利的信息与机会。比如，我们通常会喜欢访问与自己有相同兴趣、相同观点的博客。那么，平日里，你便可以发表一些这方面的文章，通过博客来实现与网友的互动。时间长了，你便会发现，博客其实就是一个网络上的人际圈子，有时候，我们甚至只需要一个小小的回复，就能够与现实生活中的某个重要人物产生联系，真正地实现沟通。

营造人脉的成功秘密

网络其实就是一个无形中的聚会厅，通过各种网络工具，我们往往可以非常迅速地找到自己所需要的人脉，卖出产品，实现信息交流。这种新颖的方式使人们常规的交际工具限制被打破，同时也在一定程度上使人与人之间的距离被缩短，从而实现了真正意义上的短沟通。运用得当的话，我们便能通过它来实现自己在现实生活中根本无法做到的事情。

5 打造人脉，归根到底要打造自己

如果你肯抛开表象看本质的话，你便会发现，某种意义上，绝大多数眼中所谓的“友谊”不过是“交换关系”。可是，若你自己拥有的资源不多、不好的话，便有可能变成“索取方”，无法做到“公平交换”，从而让自己成为对方的负担。这时候，所谓的“友谊”便会无疾而终。由此可知，打造人脉，归根到底要打造自己。

你优秀，他人才愿意靠近

人脉交往中我们谁都无法规避的事实是：往往只有那些优秀的人才拥有

有效的人脉，并且，正是因为这些人随时都有可能要应付那种“非公平交换”的企图，所以，他们才更加注重自身的质量，才会在自己的交际圈子中规定一定的“限入准则”。生活的智慧便在于此：你优秀，他人才会愿意靠近。专心地打造自己，将自己打造成一个优秀的人，一个独立的人，比什么都重要。因为打造自己就是在打造人脉。

他叫凌解放，在进入军队初期，他只是山西大同市里一名普通的工程兵。那时，他每天都要沉到数百米的井下去挖煤。每一次当他穿着长筒水靴、戴着矿工帽和矿灯，在自己腰上系着一根绳子，在齐膝的黑水里面摸爬滚打的时候，他都会感觉，自己走到了人生的谷底。

他当然想让自己的人生走得更好，但是无奈，在大同市，像他这样的人成千上万，他连求人调动工作的资本都没有。但就这样过一辈子，他又心有不甘。于是，每天从矿井出来以后，他便会一头扎进团部图书馆里。与其说他是想学习，倒不如说是在赌气：他没有远大的目标，更没有明确的方向，他只是知道，如果自己再不努力，这辈子就完了。

书越看越多，他渐渐对古文产生了浓厚兴趣。在部队的驻地附近有很多的破庙残碑，他便利用业余的时间，用铅笔将那些碑文拓下来，然后再带回来潜心钻研。这些碑文内容艰涩难懂，既没有标点，更没有注释，全靠他一人用心琢磨。不知不觉间，他的古文水平突飞猛进，再回头去读《古文观止》等各类古书时，便非常容易了。当他从部队退伍时，差不多也将团部的图书都读完了。

转业到地方后，他又开始进行《红楼梦》的研究。因为拥有着扎实的基本功与独到的见解，他很快便被红学专家们注意到，并将他吸收成为了全国红学会会员。在1982年，他受邀参加了一次“红学”研讨会，专家学者们从《红楼梦》谈到曹雪芹，又谈到了曹雪芹的祖父曹寅，之后又联想起康熙皇帝。随即有人叹息到，国内有关康熙皇帝的文学作品至今依然是空白。言谈间，众人无不遗憾。

说者无心，听者有意，当时，他便升起念头，想要写一部有关康熙的小说。依靠着多年积累下来的文学功底，在1986年，他用笔名“二月河”出版了自己的第一部长篇历史小说——《康熙大帝》，从此以后，他满腔的创作热情就如同迎春的二月河一般，奔流不息。他的人生开始解冻，在国内，无数作家以与他相识为荣，而他也成为了许多出版社争相抢夺的名作家。

二月河的成功不难理解，整体上来说，人脉对于个人的发展固然重要，不过，更重要的是他所拥有的资源。有些资源往往极难在瞬间获得，比如地位、金钱、名誉，特别是在这些资源的获得更多地依赖于个人的出身与运气时。然而有些资源却能够从零开始，比如一个人的才华与学识。这些都是可以通过努力获得的。

如果终于有一天，你成为了某一领域的专家，你会惊喜地发现，真正意义上有价值的、所谓的高效人脉会主动地来到了你的身边。甚至，有可能你在遇到了困难的时候，获得意外的帮助，因为如果你是一个有价值的、优秀的人，那么，便会有很多另外的优秀的、有价值的人愿意为你提供帮助。

依靠品牌提升知名度，变身人际热点

大自然中，许多节肢动物和爬行动物在生长期间都会出现将旧表皮脱落、以新表皮来代替的现象，通常情况下，每一次的蜕皮，都代表着自我的成长。随后，心理学家对这一现象进行了引申：每一个人都有自己的安全区，在这一安全区中的舒适与习惯让我们不愿意去改变。但是，若想跨越目前的成就，你只能勇敢地接受挑战，同时对自我进行积极的充实。

人脉交往中，这一蜕皮效应体现得更为透彻：随着知识技能的折旧速度越来越快，专业技能的更新速度也呈现出了飞速变化的状态。人人都希望成功，但只有那些懂得在业余时间不断地努力与自我学习、提升自身能力者，才会有可能会获得受到他人青睐的机会。换言之，被他人赏识、与贵人相识的机会是从你开始自我提升的那一刻开始的。

想要获得不断的发展，你便需要对自我发展进行及时的盘点，看自己是

否与之前所确立的人生目标相符合，并判断自我目前发展状况，同时给出自己的一个更合适的定位，从而进一步明确自己与未来人生发展、职业进步之间的目标距离：

1. 职业技能专业化

想要获得职业深入发展，你便必须要让自己具备以专业为导向的职业技能。它是个人能力的体现，更是个人人格魅力与思想的反映。它不仅仅单纯指向优秀的职业态度，更要求良好的时间管理能力、有效的人际沟通能力、准确的问题分析与解决能力。

2. 学习长期化

现代社会知识更新换代的周期越来越短，每个人都需要持续的学习才能适应工作的要求。为自己做“回炉充电”的知识进补是职业能力提升的一种最佳选择，这种自我提升是建立于一种常识之上的：在知识呈现出日新月异的今天，如果不能主动地提升自身的素质，很可能会导致自己在激烈的现代竞争中一败涂地。这种自我加压、自我提升的机会使得个人品牌更好地树立起来。如果你可以坚持不懈地提高自己的素质、让自己尽量多汲取一些新的知识与专业技能的话，日后这些知识与技能总是会在人际交往与人脉网络塑造过程中为自己带来更大地改变。

3. 知识实用化

在教育过程中，许多职场中人存在着明显的急功近利心态，而且在知识学习方面过于笼统化。古人有语曰：“学以致用。”对于大部分人而言，想要获得较为系统的知识能力，个人便必须在进修的过程中，保证知识与现实相切合的原则，选择那些对自我人生发展有帮助、具体化的知识进行学习，才能让知识在现实工作过程中切实得到运用。

4. 想办法让自己价值最大化

个人能力固然是个人品牌树立的一大关键，但是人才的内因只有在与社会、组织的外因进行相互吻合时，人才的内因作用才会进一步增大。这也预示着，想要将个人价值最大化，你便需要将目光集中于选取职业方向与人生目标的平衡点、和谐点上，而不是金钱、职位等短期行为上。坚持这种行为习惯，可以让你形成“自己便是最大的价值”观念，只要你可以一直延续此类观念，自然会获得人生的新发展与人脉的新提升。

当然，这并不是说，你拥有了自己的价值，从此就不需要与他人打交道了。我们提高自己的根本原因，就在于让自己不要成为他人眼中的“索取者”，你有能力为他人实现利益交换，他人才会重视你。此外，以下是一个真正有价值的人能够做到的事情，它们看上去容易，但实际操作起来却往往很难：

- 专心做那些能够提升自己的事情，学习并让自己拥有更多的技能，成为一个值得交往的人；
- 学会独善其身，以不为他人制造麻烦为美德，运用你的独立来赢得尊重；
- 除非有特殊的原因，否则，尽量回避那些在物质生活上都无法独善其身的人；那些在精神生活上都无法照顾自己的人，你更应该回避。当然，识别此类人并不简单。

营造人脉的成功秘密

每时每刻，我们的行为与言语都在将独特的自我品牌形象展示给他人，但是如果只是拥有光鲜的外表，却不懂得去用知识武装自己、提升自身能力的话，自我品牌一样是无法形成的。而经过了长时间的知识与经验积累之后，一旦形成了自我品牌，人际交往就可以达到事半功倍的效果。

6 人脉挂靠，走向搭便车式人生

让我们重提一次那句话：一个人能否成功，不在于你知道什么，而是在于你认识谁。而这个“认识谁”的最高标准就是名人，名人可以是影视明星、成功者、政治家，他们因为具有较高的知名度，所以，在不同的程度上会对社会生活产生一定的影响力。如果你认识或者能够与这些人扯上关系，同时又善于利用他们的影响力的话，那么，你的人生就如同搭了便车一样轻松很多。

名人效应，从影响心理到影响人际

若你刚刚认识了一群人，其中有一个人说，他的哥哥是某某明星，或者说，他是某位大企业家的儿子，你是否会对他刮目相看？就算你不会因此而对他刮目相看，你至少也会对他印象深刻。再假如，你所崇拜的一位名人拍着某位青年的肩膀对你说：“这个小伙子非常聪明，日后肯定会有大发展！”你是否会认为，先前看起来这个不怎样的人可能真的有自己未能看出来的某种优势？

在日常生活中，这样的现象实在是太多了，其实这便是心理学上的“名人效应”在左右着你的判断力。名人效应之所以会产生，完全依赖于名人本身所具有的知名度与权威。名人的知名度越高，越为世人所熟悉，他们所产生的影响力便越大。

来自法国的波尔本身并不是一个成功的商人。原来，他只不过是一家杂货店的小老板而已，可是，他将毕生的储蓄取出来用来周游世界，到如今，他已经是一位百万富翁了。

这位新晋百万富翁的财富并不是依靠自己出色的经商能力得来的，而是仅仅靠了几本签名簿。说来令人感觉既简单又有趣，在他视若珍宝的那本签名簿里，贴了许多世界名人的照片，他模仿名人的亲笔签名写在照片的下面，并带着这几本签名簿浪迹世界，对那些世界一流的工商巨子与富翁巨贾进行登门造访。

与这些人见面时，波尔总是会这样开口：“我是因为仰慕您，才千里迢迢从爱尔兰来拜访您的，期望您能将自己的照片贴在这本‘世界名人录'上，再将您的大名签上，我们会在随后追加简介。待此书出版以后，我会立即寄赠给您一本……"

那些被他拜访的富豪在翻看签名簿时总是会发现，其他的照片与签名都是来自于当代那些最优秀的人。对于这些早已衣食无忧的人来说，获得更大的名气是他们希望的。因此，有不少的人都心甘情愿地将自己的名字签下来，并向波尔提供了自己最得意的照片。

这些人本来就不缺钱，一想到自己有机会可以与世界名人同时出现在同一本书中，他们便有风光的感觉。这样一来，他们往往会毫不吝惜地向波尔支付一笔为数可观的金钱。

波尔的确出版了这些签名簿，但是，他花在每一本签名簿上的出版费用不过是区区的两美元，而那些富豪们给他的报酬往往多达千元，少则百十元。波尔前后在这件事情上花费了整整6年的时间，在6年时间里，他旅行了90多个国家，向他提供照片与签名的人多达2万人，他的收益超过了500万美元。

波尔之所以能够成功，就在于，他在自己并没有多大名气、多少本钱的情况下，找到了可以提升自我知名度的最好方法，使自己的身份与价值大大提高，并最终让自己成为名人中的一员。名人效应的威力由此可见一斑：它可以令普通人迅速地达到自我人际交往目的，更增添了普通人迅速地成为成功者的可能性。

挂靠名人，为自己争取利益

若你对波尔的故事还不是那么的信赖，我们有一个故事，能够让你更清晰地认识"名人效应"。

美国一位出版商因为经营失误，导致一批书滞销，造成了资金久久无法回笼。急中生智的他决定给总统送去一本，并随后三番五次地向总统征求对这本书的意见。可是，总统日理万机，哪里会有时间去处理此类的琐事？于是，在不堪其扰的情况下，总统顺口回了一句："这本书不错！”

出版商如获至宝，第二天，他便在各个书城的醒目位置上拉开了大横幅，上面用斗大的字写着：“此处独家出售总统先生青睐的书！”没过多长时间，那批原本滞销的书便被抢购一空。

尝到了甜头的出版商再将自己的另一本滞销书送给了总统。总统知道自己上一次上了当，这一次便有意要给出版商一点难堪，于是便说：“这本书糟透了。”

没想到，出版商再次打出广告：“此处独家出售总统先生极度反感的书！”人们很好奇：总统反感的书是什么样的？于是，因为好奇，他们争相购买，书也随之脱销。

过了一段时间，出版商又遇到了相同的棘手问题。当他第三次将书送给总统的时候，总统却再也不肯说一个字：他已经吸取了前两次的教训，并认为，不置可否才是最妥善的处理方法。

没有想到，出版商用总统的沉默大做宣传：“此处独家出售总统先生难下结论的书。”

机智的出版商再一次赢得了胜利。

表面上来看，这是出版商运用自己的智慧来赢利的案例，但实际上，他运用的正是总统本身所具有的名人效应：因为总统评价或不评价，大家才会对这些书感兴趣。这也证明了一个事实：若你善于运用名人效应，你便能比别人更轻松地达到自己的目的。

如何才能更好地运用名人效应？我们提供了一些切实可行的建议：

1. 找到自我人脉中与名人距离最近的那个人

当你拥有了自己的人脉网络之后，你所需要做的不仅仅是对网络中的每一个人的资料进行整理，疏通人脉，更重要的是，你要找到那些真正与名人有关系的人，或是名人本身。此处的“名人”并不一定非要是政要、明星一类的名人，他只需要是在某个领域中拥有一定成就的人即可。找准他，然后，你要做的就是一步步地接近他。

2. 让名人认识你

通过你的人脉，你会有很多机会去认识名人，但是，要让对方记住你，并对你日后的事业产生积极的影响，你还需要进一步做出努力。这些有些可以让你给名人留下印象的法则：

- 善于倾听；
- 多微笑；
- 巧妙地赞美；
- 衣着恰当；
- 谈吐有深度。

这些技巧并非一挥而就，而是需要你花费长时间来进行训练与落实之后，才能巧妙运用的。

3. 巧妙地运用名人的影响力

认识名人之后，并不意味着你便能以此为炫耀的资本，单纯而粗暴地告诉他人你认识某某名人，或是某某名人非常赏识你，这都是非常愚蠢的行为。在运用名人的影响力时，你需要借助于一定的技巧。

- 礼节性的谈话中表示你的身份：假如你与名人有直接的关系，而你又期望在交往过程中运用这层关系与对方拉近距离的话，你不妨使用这样的句式："您好，我经常听 ×× 提起您！"对方听到你这样说，自然会对你产生印象。

- 以退为进，引用名人的观点与看法：当你与陌生人交流时，若你表现良好，便势必会得到对方的好评。在这种情况下，你可以谦虚地回答："谢谢您的称赞，很少有人说我机灵，上次与 ×× 在一起吃饭时，他还批评我过于拘泥。"使用这样的方式显示自己与名人相识，不仅会显出你的诚实，同时更容易博得他人的喜欢。

- 增加自己的曝光率：若你拥有特别的名人关系，你大可直接利用，比如，在特殊的场合下，让自己多多出现。此时，自然会有人打听你的背景与来历。请相信口耳相传的力量，对方总会知道你是谁。

- 装作无意地提及名人：在与他人交流时，但凡涉及第三者的话题，你可以尽可能地谈论你所认识的名人。比如："您说得很有道理，××也曾经这样说过，只可惜当时我没有弄清楚。"

巧妙地运用名人效应、表明自己与名人关系还有许多的方法，这些方法只能算是沧海一粟，但只要运用得当，对你的人生发展便会有一定的帮助。

营造人脉的成功秘密

开阔思维，让自己使用人脉挂靠的方式来运用名人效应，这固然可以节省大量的时间，使我们的人脉与交际效率大幅度提升。但是，这种挂靠方式也需要我们自己拥有较高的个人素质：只有个人形象尽可能地接近"名人朋友"这样的定位与想象，你才能凸显自己的价值与品位，才能合理而恰当地运用外力将他人的影响力移借到自己的身上。当然，在运用人脉挂靠时，也需要适可而止，以避免弄巧成拙、被人误解为行骗的结果出现。

7 内向者也有优势，别拿性格当借口

我们处在一个重视并推崇外向性格的时代里，在这个时代里，我们更加重视速度、行动、竞争与魄力。因为相比之下，性格内向的人不容易表露自己的内心，所以，他们往往被人视为"不善交际者"，而他们自己也甘愿躲在这样的"保护伞"下面，并以此为理由，不去用心经营自己的人脉。但事实上，性格不是拒绝人脉经营、不擅人脉经营的借口，因为内向者自有内向者的优势。

内向者：展示优势，而不是改变你的软肋

因为性格外向的人能说会道，所以更善于与人交往，他们总是能够在工

作中将自己的长处发挥得淋漓尽致，从而受到同事与朋友的青睐，这令不少性格内向的人羡慕：他们是多么期望自己也可以如同这些人一样，成为同事、朋友眼中的“明星”啊！但是，由于不善于表达，内向者往往很难让同事了解自己，这一点令他们很苦恼。可是，其实在交际过程中，内向者的优势也是很明显的。

某家公司的一位经理在一次业界内的交流大会上说，他担任经理一职以来，为公司招入了无数的人，但是，给他留下印象最深刻的不是那些口若悬河的人，而是一个非常沉默的大男孩。

他们公司属于设计类公司，一方面需要员工拥有真才实学，另一方面，因为要与客户进行交流，所以他们都认为，招聘到能说的员工是最好的。可是，杰克却明显没有同时具备以上两种优势。这位经理还记得，有一次，他打电话请杰克给客户的网站设计一套可爱的动物形象，说了半天，总是他一个人在说，而杰克只是在电话那头“嗯”、“哦”地回答，搞得经理都有些不知道怎么才能将谈话进行下去了。不过幸好，杰克的能力还是不错的，他在很短的时间内完成了作品。

经过此事之后，经理认为，很可能杰克并不是公司需要的人才，他想，自己也许该找个理由，将杰克辞退。可是，就在他准备向杰克摊牌时却发现，与杰克合作过的客户往往都会拒绝他推荐的其他设计师。他们的理由多种多样：

“不，谢谢你的好意，但是杰克的能力不错，我还是期望与他合作。”

“嗯，他是不太擅长说，可是，那有什么呢？他总是在专心地听我讲。”

“我认为杰克很好，至少，他肯听我说完，并愿意按我的意思去把设计图修改得更好。”

……

诸如此类的理由多了之后，经理也有些纳闷：怎么一个看上去那么木讷的人反而成了公司里最受欢迎的设计师呢？后来，他观察了一段时间之后才得出结论：内向并没有什么不好，内向的杰克因为自己在语言方面的欠缺，反而在作品设计上更下工夫，更愿意在顾客的要求上进行创新了。最关键的是，他懂得倾听，而倾听恰恰是很多客户所需要的。

或许，你的身边也有杰克这样的人，或许，你就是另一个“杰克”。成功并不是仅仅是电视中讲的那样，外向、开朗的人更容易成功。对于内向者而言，如果你能够把握自己的性格特点，把精力投入到自己擅长的方向上去，而不是一味地去改变性格上这种与生俱来、不可改变的东西，你的成功也会如期而至。

用你的能力与他人一起狂欢

内向者需要明确的事实是：你不需要哗众取宠，不需要不停地在聚会上去握手去取悦他人，更不需要滔滔不绝地谈论他人与自己，因为事实上，交际的目的在于认识新的朋友、建立起新的关系，了解你对面的这个人最关心的到底是什么，而你又可以为他提供何种的帮助。在这种情况下，一个聆听者更能够恰如其分地表现出自己性格中的优势：相对于外向者来说，内向者更容易担任聆听者的角色。

1. 让自己做个好听众

根据上述理由，内向者在建立人脉的过程中不应去忙着兜售自己的服务，而是应全方位地去寻找那些可以更好地让你帮助对方的途径，从而使自己更好地扮演支援的角色：你可以为他们提供更有建设性的意见吗？你可以帮助他们联系到能够助他们一臂之力的人吗？所以，在这一过程中，你应该将自己的谈话建立在询问而非一味的陈述上，“3W1H”（what，why，where，how）能够帮助你将问题进一步具体化，从而使其更容易实施。

如果可以的话，你可以尝试着在恰当的场合中询问对方以下几个问题：

为什么你会参加此次活动？

到目前为止，你最喜欢这次会议中的哪项议题？

最近，你的工作有什么新的进展？

你能够在工作中享受到的最大乐趣是什么？

你在工作中遇到的最大挑战是什么？

“只问不说”是一个非常好的人际交往方法，而且，在日常交流中，它也往往可以起到非常重要的作用，比如，它可以帮助你巩固现有的人脉。

此外，你的问题应该尽量问在点子上，你可以使用 ROAD 法来使自己的问题始终围绕在中心上：

Relationship（关系）：他在生活中最重要的关系是什么？

Occupation（职业）：他的职业是什么？喜好与挑战是什么？

Activities（活动）：在私人领域与公众生活中，他的活动分别是什么？他是否参加过什么组织或者社团？

Drive（动机）：他的动机是什么？他有什么样的个人目标与专业目标？

2. 用积极的态度去聆听

当你问完了问题之后，你就应该迈入倾听的阶段了，不要错误地认为，倾听是一件被动的事情，事实上，只要你提出了问题，同时做到了仔细地倾听，你就是这场谈话中的主导者。以下 4 个小提示可以使你的交谈对象认为你在全神贯注地聆听他们的话：

- 注视对方，当他人讲话时，飘忽不定的眼神是最糟糕的事情；
- 常常点头，给予肯定；
- 适当的时候补充几句话，表明你对他的讲话内容是理解的，最简单的方法是重述并进行强调；
- 问一些更进一步的问题。

3. 将谈话结束

内向者有时候会不懂得如何将一段谈话合理地结束。但事实上，不用等到感觉无话可说的时候才停止交流，当你认为你已经获得了足够的信息，或者对方表现出不想再谈的迹象时，便可以打住了。谈话结束时，你可以与对方交流一些对此次谈话的感想，同时交换名片。比如：“和您聊天非常愉快，我很期望以后我们之间还可以有类似的谈话，您可以给我一张名片，以方便我日后和您再联系吗？”

在交流的过程中，大多数的人都会在场所中走动，所以，有时候，不需要去刻意地结束对某人的谈话。若你遇到了老朋友，想去打个招呼，或者想去拿一杯酒，就直接说出来，诚信非常重要，在刚刚谈话不久就被人抓到撒谎是一件非常尴尬的事情，更别说给对方留下好印象了。

4. 寻找下一次

后续的交流对于关系的发展是一件至关重要的事情，这也是倾听的重要性：它可以让内向者发现双方继续保持联络的理由。

另外，我们有10个方法可以在参与聚会时帮助你更好地与目标人物交流：

- 用心准备：花点时间去准备，比如，你参加此次活动的目的是什么？最佳的三个开场白问题是什么？练习一下对话与结束对话的方法，对谈话有帮助；
- 记得带自己的名片；
- 可以在活动开始以后再去；
- 到场之后扫视一下全场，先让自己熟悉、放松一下；
- 若在活动中你一个人都不认识，那么，你可以找一些与你一样落单的人作自我介绍，并将已经准备好的问题提出来；
- 将大部分的时间花在“听”而不是“说”上；
- 关注与你交谈的人，若你想看一下全场，不如放在谈话的间隙去做；
- 至少把握一个值得继续后续交际的机会；
- 不要最后一个离场，而是应稍微早一些；
- 要有条理，将自己在聚会中得到的重要信息记录下来，并建立起一个自己的联系人档案。

我们获得成功的机会多半来自于人脉，若内向者不迈出“与人主动交际”这一步，就意味着，你不会获得下一次的推荐、下一次的晋升、下一次的加薪……如果你有强大的利益趋向的话，你也可以将这点当成自己的心理暗示。

营造人脉的成功秘密

生活在一个重视外向的世界中，内向者在人脉塑造方面固然有着一定的压力，但是，这并不意味着内向者的人脉都是失败的。内向者完全不需要去改变自己、适应他人，你只需要在人际交往中，坦然地面对他人，然后恰当地运用符合自己性格特点的交流技巧与强大的自我价值，去与他人相识，你便能在人脉塑造中少走弯路。

第四章

仅有能力是不够的，你还需要主动出击

在你没有学会主动之前，你的能力、你的才华，都如同埋在沙中的珍珠一般，无法被他人看见。那些站在成功之巅的强者们以自身的经历告诉世人：命运之神极少青睐被动等待者。想要让自己和他们一样，爬上成功的巅峰，你首先要学习的便是主动出击。

1 与智者同行，建立起自己的“人脉董事会”

不先商议，所谋无效；谋士众多，所谋乃成。导致你人生走向失败的因素远远要多于能够让你走向成功的因素，许多人之所以在失败迹象如此明显的情况下，最终选择了那些导致自己彻底失败的因素，主要是因为，那些因素虽然很老套，但是却非常容易令人上当。在这种时候，如果你的身边有自己的“人脉董事会”，你便可以规避许多有可能发生的不堪处境。

不良人脉会让你陷入厄运之中

就如同你明白网络病毒能够破坏你的电脑，但你依然无法完全远离它一样，让你陷入人生不堪境地中的那些因素在生活中频繁地出现，而且往往使人无法全面防范，所以，你经常防不胜防。因此，我们需要一个能够达到自我保护的有效策略，就如同防火墙一样来保护自己的电脑，以防止那些具有毁灭性的病毒偷偷潜入并造成破坏。

生活中，我们都见过那些原本处于高姿态、完美形象下的人，因为自己的失误带来的无尽尴尬，甚至是无尽的厄运。

曾经的纯莹人如其名，她不仅可爱清纯，而且为人热情，不管走到哪里都会交到一些贴心的朋友，好姐妹更是不计其数。其中有一些好姐妹是在迪厅结识的。那一天，纯莹与一位大学同学同去迪吧体验生活，在那里，纯莹意外地结识了一群活泼的女孩，她们叛逆的语言、另类的生活方式深深吸引了一直在中规中矩中过日子的纯莹，毕竟，在这之前，她从来没有接触过这样的朋友。看着她们在迪吧里跳得那么投入、如此青春飞扬，纯莹真的是感受到了耳目一新的感觉。于是，她不顾室友的提醒，毅然与对方留下了联系电话，并在随后与她们频繁见面。

纯莹想得很单纯：与这些叛逆的女孩们交朋友并没有什么不好，至少，她们让自己体会到了别样的生活方式，至于被她们带坏，则是不可能的事情。她相信，自己在最基本的道德问题上还是有原则的，只不过想要与她们一起寻开心罢了。

就这样，纯莹经常参与这些新朋友的聚会，与她们一起逛街、一起唱歌，甚至一起过夜。刚开始时，听到她们说着一些粗野的话，她只是在一边偷笑，感觉很好玩。渐渐地，她便被传染了，也开始不知不觉地说起了脏话。她的变化让从前的朋友们很吃惊，但是，虽然他们不断地提醒她不要再与那些人来往，可正在兴头的纯莹哪里听得进去，她甚至还劝室友不要将她们想得太坏。

终于有一天，她受到新朋友们的诱惑，开始吸毒。刚开始时，她只是感觉看着她们将毒品吸进去之后的舒服劲儿而感觉好奇，于是自己也忍不住想要试一下，谁知，竟然很快就上瘾了。随着自己对毒品的依赖程度越来越严重，她竟然开始注射毒品。若不是被警方及时发现，送她到戒毒所去强制戒毒，这个正值青春年华的小女孩可能一生都会被彻底毁掉了。

《圣经》中有这样一句话："与智慧的人同行的，必得智慧；和愚昧的人做伴的，必受亏损。”它告诉我们，与智者同行、建立起自己的“人脉董事会”是多么重要的一件事情。将愚昧之人、小人摄入自己的关键关系中，对于个人发展而言，毫无疑问是一种愚蠢到极点的行为。

运用七类人，打造完美“人脉董事会”

其实，想要获得最强大的保护，你可以使用一个自己认为最有效的策略，即建立起自己的“人脉董事会”。

“人脉董事会”属于你的关键性关系，他们包括了你最好的指导者，更属于你所信任的朋友组成的内部圈子。但是，“人脉董事会”中应该包括哪些人呢？我们需要从自己的人脉中选择哪些人加入自己的“人脉董事会”中呢？有七类人是你必须要考虑到的：

1. 你的父亲或母亲

父亲的智慧、母亲的慈爱都会让你感受到前行的力量，而且，有父母的相伴，你往往能够获得更多更有力、更纯粹的支持。所以，你的“人脉董事会”中应该有你双亲中的一员。当然，如果你与父母之间的关系并不如其他人那样好的话，你可以从自己的亲人中选择一位有意愿且有能力的人去填补这一空缺。此人可以是祖父母，可以是你的叔叔、舅舅，更可以是你某位可以充当父母角色的年长朋友。

2. 你的同伴

这里的同伴并不是指固定的某个人，而是指在你的人生不同阶段所出现的不同的人。在大学里，你的同伴很可能是一位亲密的朋友，或者一位“特别的朋友”。从某种程度上来说，你的同伴也有可能是你的配偶：当你深爱着你的丈夫或妻子，而他（她）也恰恰处于这种状态中时，他（她）便显然是你最坚实的盟友。

3. 最好的朋友

你最好的朋友应该是一位具有忠诚、勇敢、积极特征的人，最好的朋友往往对你有特别的认识，他们会在你需要的时候挺身而出，站在你的角度去想问题。你的“人脉董事会”中有这样一位朋友的话，他便可以为你说一些你真正渴望听到的话，而其他人可能并不会很自在地与你谈论这些。另外，最好的朋友也能够提升你的个人生活品质，他们注重你，愿意与你敞开心扉，你在他们那里往往能够获得在其他人那里得不到的精神享受。

4. 法律顾问

你需要法律方面的朋友，或是为自己寻找一位专业的法律顾问。否则，当你遇到了人事纠纷或者法律事务，你便只能临时抱佛脚地为自己找一位法律专家，而这样做的结果是，你不仅有可能使自己面临陷入困境，同时，还有可能需要一大笔钱才能解决问题，因为陌生人总是会在你最需要帮助的时候狮子大开口。法律顾问或许会花掉你一些钱，但是，你至少不需要再面临高风险了。

5. 职业导师或生活导师

那些有才华的职业导师可以帮助你接近许多的机会与有可能的选择。他们会向你传授面试的艺术，同时在合同、红利、薪酬与品牌打造等多种方面给予你一定的忠告与建议。

一位具有天赋的、明智的生活导师同样是你人生中极佳的同盟者，他可以帮助你在情绪上或者精神上保持着始终现实的生活态度。这个人通常要对你的人格发展更感兴趣。他深刻地明白，你在获得了巨大成功的同时，也会使自己的正常生活受到干扰，而因为你身在其中，很可能并不知道自己的问题到底出现在哪里。拥有这样一位导师来对自己的个人处境变化进行评估，是一件非常明智的事情。

6. 财务顾问

有关数据表明，国内有高达 90.7% 的人从来不寻求财务专家的建议。当然，这种不寻找专家的 90.7% 的人中，也可能有人本身就是财务专家，对自己的财务状况有着清晰的认识。但是，如果你没有这方面的才能，你最好选择一位在财务领域有突出成绩的人，同时，他还需要非常正直与诚实，然后，利用他的才能，让自己的个人财务管理步入正轨。

7. 精神导师

失明往往会被解释为一个人没有视物的能力。但是，盲目同样意味着，你不愿意或根本不能察觉、不能理解某事。我们每一个人都会在某件事情上表现出盲目的情绪，我们需要一位明智的精神导师帮助我们更好地去领会。当你陷入了人生困难期时，可以与你的精神导师交谈一下，同时领悟他的智慧，你将有可能豁然开朗。你的精神导师可以是你信仰的宗教中的主导人物，如神父，也可以是你的老师，或是其他可以信任的、具有强大精神力量的人。

另外，你需要注意，并不是随便一个具有以上才能的人就可以进入你的“人脉董事会”。他们应该正直而诚实，并信任你、对你忠诚，同时还敢于向你直言不讳：若你在人生旅途中走错了路，这些人会坦率地将前方的危险告诉你。他们不应该唯唯诺诺，更不会因为私利而出卖你。他们聪明、理智，具有足够的处事智慧与社会经验，可以迅速把握处境的利弊，并能基于事实而不是基于情绪上，告诉你肯定或者否定的答案。

选择那些与你拥有相同核心价值观的人吧！他们与你拥有同样的人生目标，所以他们更能体谅你的处境。

营造人脉的成功秘密

拥有了“人脉董事会”，你会由脆弱变得坚强起来，因为你在人生各个方面都有了自己的指导者，而他们会辅助你进行合理的人生规划，并引导与鼓励你相信自己，克服外在的缺陷，瞄准自我方向，找到人生梦想。所以，赶快行动，为自己组建一个“人脉董事会”吧，它是你获得成功的重要策略。

2 变身人脉王？你要有布局意识

我们每一个人都有自己固定的人际交往圈子，这个圈子形成了我们的人际关系网。有时候，你可以很轻易地发现这样的事实：当你想要对自己的人际圈子进行一些改良或者适当的突破时，往往寸步难行。这种事实使我们的“人脉帝国”筹建过程变得缓慢起来，想要摆脱这种困境，你便需要有布局意识。

不懂布局？你的人生并不会迎来大成功

或许你会很奇怪，既然人脉网络是建立起来的，为什么对它进行改良与扩展会如此困难？这种情况的形成，一方面是因为生活环境往往会对我们的前进起到不断加强、但个人却无法察觉的迟滞作用，环境会不断地劝我们安逸下来；而另一方面，则是因为我们对自我人脉发展缺乏一个明确的计划。

很多人并不会询问自己这样的问题：我期望成为怎样的人？我想要在人脉关系中获得怎样的力量？正是因为不会询问自己，然后结合自我事业的发展，为自己的人脉拓展作出一张设计图，然后进行有目的的人脉储蓄。所以，我们中的大部分人都如同“瞎猫碰死耗子”一样，走到哪里、认识谁都过于随意。但事实上，人生就如同一场随时开战的战争一样，你需要像一个统领军队的将军一样，不断地排兵布阵，才有可能攻上主峰。不过，当前普通人中鲜少有人能够明确这一观点，同时他们也无法做到始终明智而聪明地对一种布局思路进行执行——他们习惯于与他人盲目地进行八卦式的攀谈，四处去结识陌生人，以期望能够进入一些更高端的人脉圈子，但迎接他们的多半是失败。导致这种失败的原因就在于：他们根本不清楚怎样的计划与路线才能为自己赢得胜利，而且他们本身就不具备敏锐的布局意识。

有关布局人生的重要性，我们可以通过实例来证明。

与很多大学生一样，阿曼达在2005年大学毕业后，经过了一段痛苦的求职之路，并最终进入了一家中等规模的公司，当上了一名办公室文员。说是文员，但其实就是做一些零碎的事情，收发传真、收发快递、复印一下文件等，这些都要她一手操办。

虽然如此，阿曼达并没有抱怨，在做好本职工作的同时，她还为自己树立了远大的职场目标：根据自己要成为高级主管的目标，力求在五年时间里拥有自己的职业成长圈子。在平日里，她总是寻找各种各样的机会去向同事、上司进行虚心的学习。不久以后，她的积极态度获得了主管的高度赞赏。也正是因为如此，阿曼达成为了同期新职员中最出色的毕业生，而且她在公司中所拥有的支持率要远远超出其他新员工。

此外，因为自己从事的是文员工作，所以阿曼达养成了收集、记录各种联系方式的好习惯。每一次与一些重要的客户进行交流时，她都会主动地将对方的基本资料与联系方式记录下来。每到节假日的时候，她都会向这些人发送一封祝福的邮件。这样一来，许多的客户都记住了这个颇为有心的小姑娘。

入职一年多以后，由于工作出色，阿曼达被一个经常来往的大客户所赏识，对方将她推荐到了一家更大的公司中任职。在这家公司中，阿曼达真正地实现了自我职业的高速发展。她首先从自己最熟悉的工作做起，与上次工作经历不同的是，在担任普通文员3个月以后，她主动申请调到生产部门进行质量检验，之后，又到了事业部门。在部门调换的过程中，她的各方面能力都获得了极高的提升，同时，她也凭借着自己独特的人格魅力，在公司高层中建立起了属于自己的人脉。正是因为拥有了这种关系以及在多个核心部门中工作过的经历，所以，当总经理的秘书提出辞职后，阿曼达便成为了各级主管力荐的助手。

从此以后，阿曼达如鱼得水。由于这是一家大公司，总经理的人脉自然很多，其中不乏著名的企业家、政治家与其他公司的高层领导。

每一次有客人到访时，阿曼达都会与对方交换名片，并像从前一样，记录下对方的个人信息。在那段时间里，她单单记录这些信息，便足足记了一个笔记本。这样，她的人际圈子不断地扩大，而认识的朋友也在各行各业、各个地区中不断地获得了扩充。

在3年的职业生涯以后，凭借着自己出色的经历，阿曼达再一次对自己发起了挑战：她进入一个完全陌生的新领域——人力资源行业，而在这里，她无疑获得了更广阔的发展空间与舞台。

如果没有有意识的人脉布局，仅凭借自己普通的大学资历，阿曼达根本不可能获得长足的职业发展。这种人脉布局为她赢得的不仅仅是职业道路上的直线上升，更是人生质量的全面提升。人脉布局的重要性，由此可见一斑。

如何布局，才能让自己变身为王

明确了重要性以后，我们需要去细细考虑的另一个问题就是怎样布局了。人脉布局不比其他，除了要有明确的人生目标作为大的指导方向以外，人脉布局还牵涉了其他的一些重要因素。以下几点能够帮助你有效地建立起自己的布局意识：

1. 不断地扩展自己的舒适区

生活中，你肯定有自己的舒适区，这个舒适区中，你可以随心所欲地做一些自己喜欢的事情，而不需要担心他人的非议。在人脉圈中，同样有舒适区。一个由家人、密友组成的舒适区往往是最有禁锢力量、最能令个人能力退化的。虽然你在这一区域中多半会感觉自信与轻松，但是，在舒适区中待久了，你便会不愿意走出来，你的交际能力也会不断下降。

通常情况下，舒适区与个人交际能力往往相辅相成，个人综合实力强，其舒适区可能就较大；个人舒适区较小，说明其综合实力较弱。如果你发现自己已经很久没有认识新朋友，你就要注意：从现在开始，你应该去扩展自己的舒适区了。

2. 建立起自己的“人脉档案库”

建立起自己的关系网是进行人脉维护的必要渠道。不过，想要使自己的人际交往更具有针对性，你就需要为自己建立起一个“人脉档案库”。你可以根据不同的交往对象将其进行分门别类，在面对不同的朋友时，采用不同的交往方式。这样，既可以提高自己的交往效率，又能减少成本消耗。

美国著名的面包商科威尔便是采用这种方法来进行面包销售的。每天，他都会给很多的饭店老板打电话，同时积极地参与到对方的社交活动中。在能够查到对方的个人资料时，他绝对不会放过，甚至包括老板个人的生活习惯、口味与爱好、兴趣特长等，然后，将其进行装订成册，并起名为“饭店老板档案库”。每一次与这些老板交往的时候，他都会从他们的兴趣谈起，但是却对自己的面包只字不提。可是，过不了几天，饭店老板手下的那些厨师长们便会给科威尔打电话了，期望他可以将他的面包样品与具体的价格表目送到自己那里。

“人脉档案库”做得是否专业，决定着你对外宣传的力度有多大。其实，在现实生活中，我们每一个人认识人的数量、机会都相差不大，然而，交往的方式与程度便会出现大的差别，而有了“人脉档案库”，你便能够在某个人生阶段，带着明确的目标与特定的人进行来往，而不需要在不必要的应酬中浪费彼此的时间了。

3. 运用时间管理规划自己的人脉管理

现如今，时间管理的重要性早已被世人所知，而这种管理方式其实很简单：依据轻重缓急，设定出短、中、长期的目标，再逐日地制订出实现目标的计划，同时利用自己的有效时间，进行合理分配，争取获得最高的人脉效率。

在现实生活中，很多人正是依靠这样的规划，去建设自己的人脉资源的。但是有些人的效率明显不高，产生这种结果的原因正是他们在交际的过程中过分地强调效率，将自己的时间卡得过死，反而令其产生了反效果，从而失去了增进感情、进一步满足个人需要的机会。

其实，从一些小细节入手，对人脉资源进行深入的拓展与维护，并进行有效的改良，便能使自己浪费的时间大大地减少，从而使人脉资源网络的建设效率大大提高。具体的方法就是，对已有的人脉资源进行明确的分类，并建立起人脉管理日志。若你制订了明确的与人交往的计划的话，你便应按计划执行，同时以积极的心态，按事情的轻重缓急与人展开交往。

营造人脉的成功秘密

成功固然离不开个人的优秀能力，但是人脉经营的力量却是众所周知的。对此，我们可以举出无数的例子。而那些成功者很显然都是对人脉拥有着明确的布局意识的人，而不是在人脉网中撞到谁就是谁。当然，即使我们不会进行设计与布局，只要我们为自己准备一份清楚的计划，也总是可以每年一个台阶地使自己的交际圈子不断地扩大，而这本身就是一种难得的进步。

3 走出小圈子，进入大圈子

你是否会有这样的感觉：你所认识的人与自己有着太多的相似，背景相似、工作内容相似，就连对大多数事情的看法都出奇的一致？如果你的回答是肯定的，那么，你就需要注意了。这些现状表明：你的生活圈子已经越来越狭窄了，你可以拓展人脉的机会也越来越少了，这对你的人生发展无疑是不利的。如何走出小圈子，进入大圈子，是你眼下最应该考虑的事情。

社团，一个让人不设防的成长场所

让自己陷入小圈子的局限中，不仅不利于个人视野的扩大，而且对个人事业成长极为不利。当前，我们扩展自我交际圈主要通过两个途径：一是从亲戚、朋友等熟人那里入手；二是从自己不太熟悉的人或者陌生人群中入手。

后者无疑更具有难度，对个人能力的挑战更大，我们不仅要掌握一些与陌生人交往的方法与技巧，同时更需要一定的环境与氛围渲染。

在科学如此发达的现代社会里，我们与人交往的渠道、方式正在不断地增多，通过网络扩展人脉圈的确是新颖之举，但是相对而言，最有效的交流还是面对面的交流。

当前社会，通常情况下，我们更容易在各种社团环境中营造出那种与陌生人轻松地面对面交流的环境与氛围，许多人正是通过各种各样的社会活动，使自己的交往圈子不断扩大的。美国前总统小布什，便曾经借助于这种方法来扩展自己的人脉。

因为深受父亲的影响，小布什一直有从政的理想，通过父亲的政界发展，这个极具有政治头脑的男孩自然能够看出人脉所具有的强大影响力。在1965年，小布什考入了耶鲁大学，并在达文波特学院进行学习。他注意到，在达文波特学院里有一个名为“DKE联谊会”的社团非常有名，这个社团往往能够请到一些大人物出席自己的活动。

当时，小布什便认定，加入这样的社团可以帮助自己认识更多的人，更有助于实现自己的政治理想。可是，身为耶鲁大学最出色的社团，DKE联谊会的进入门槛也非常高。学生首先要申请加入达文波特学院的学生会，并在学生会中有一定的作为，才有机会被DKE联谊会邀请参与自己的活动。之后，联谊会管理者们会根据个人表现，来判断对方是否有资格进入。

在了解到这一系列的程序以后，小布什做了许多的准备。入学后的一段时间内，他力求让自己记住那些具有影响力的同学的名字，并尽可能地去球场、走廊与教室甚至是浴室等一切可能的场所，为的就是让自己与更多的人认识。

他的诚恳态度使许多人都留下了深刻的印象，当学生会从大一新生中选拔人才时，小布什以出色的谈吐、过人的机智赢得了学生会干部的青睐。但是，随后他所做的事情，才是最终使他进入学生会的关键：

他叫出了当时在教室中的全部54人的名字，包括几位平日里并不常出现的学生会负责人。这令所有人佩服得五体投地，小布什就此成为学生会首批录取的新成员。

进入学生会以后，便拥有了参与DKE联谊会活动的机会。在学生会与社团组织活动中的出色表现，令DKE联谊会认定，小布什在日后定有大作为。随后，联谊会主管将他吸纳入了管理体系之中。而在DKE联谊会中认识的人脉，为小布什日后成功当选美国总统打下了良好的基础。据统计，在他竞选美国第43任总统选举中，有相当一部分的选票是他在耶鲁大学和哈佛大学的校友以及他参加的各种社团中的朋友所带来的，以至于有人笑称，如果一个人能叫得出大学校园里三分之一人的名字，那么，他也可以去竞选美国总统。

虽说，中国与美国不同，社团并非主要的交流场所，但是，其实我们每一个人都能够参与很多的团体，如同乡会、联谊会等。多参与社团活动，有助于培养个人以下三方面的特质：

- 让你勇敢起来，主动地去接触陌生的人群，这是一次自己对自己的挑战，在挑战的过程中，你会发现，自己越来越有胆量了；
- 在社团里，你能够更快地成长，因为在社团中，不管是阅读、听演讲还是与人分享生活，都是可以让自己学习与成长的机会。对于那些渴望获得快速成长的人来说，社团实在是一个好去处；
- 在社团中，你往往能够结识很多的热心人，他们加入社团，奉献出自己的时间与精力来与他人分享自己的人生，而这类人往往是值得一交的朋友。

找到对的社团，表现最好的自我

不过，在社会中陌生人之间往往都有一种相互防范的心理，一个人若是太过主动地亲近陌生人，便很容易遭到拒绝。可是，参与社团活动，通过社团的休闲活动与公益活动，你与陌生人的交流会更加顺利，因为，在自然状态下，更有助于交流双方建立起情感与信任。毕竟，每一个人都有交往的需求。当然，通过积极地参与到各种社团活动中，在活动中与陌生人交友来进行人脉资源的积累，也有很多的方面需要去认真地把握。

1. 你应对自己要参与的社团有所选择

在社会中有很多不同的社团，有些是商业联谊，有些是专业的交流，有些则是纯粹的学习。面对着林林总总的社团，我们不仅要选择好，而且还要研究，到底怎样搭配社团力量才会对自己有利；若没有选择，便极有可能在浪费了时间与精力的情况下收效不佳。参与好的社团，不仅可以起到缓解压力、自我成长、互相帮助的作用，更重要的是，它可以帮助你在最有限的时间里，把握好与人相处的秘诀，从而以最小的投入，获得最多的人脉资源。

2. 在参与社团活动的过程中，不可以投机取巧，更不能过于急功近利

在社团中总是会有各式各样的人，与人交往贵在真心，有些人因为自己的职业是销售类的，所以他们参与社团往往只是为了认识更多的人去做生意，而这样的人多半是无法在社团中交到朋友的。参与社团最重要的是结交志同道合的朋友，而不是做生意。就算是做生意，也要建立在“我能够为你做什么”的基础上，而不是“你可以帮助我什么”。因为在现代社会里，做生意的前提不是认识，而是信任。通过参与社团活动来进行人脉的拓展，重要的是相交，而不是简简单单的相识。

3. 在社团中为自己争取到一定的职务

若你参与到了一个社团之中，最好可以为自己争取到一个组织者的角色，就算做不到会长、理事长这一类的高阶职务，起码也应为自己争取到协理、干事一类的职务。这样，你便拥有了一个向他人名正言顺地提供服务的机会，在服务他人的过程中，你与他人交流、了解的机会都会增加，你的交际能力也会获得提升。

4. 调整好自己的心态，积极凸显自我

当你身处社团之中时，你应学会凸显自我，在与不同的人往时，也应掌握基本的交往技能，学会察言观色。因此，在参与社团活动之前，你应调整好自己的心理状态与情绪。要知道，在社团中，你在选择交往对象，而别人

也在选择你，所以，你应尽量地学习如何才能让自己的行为表现得更好，这是加入社团的一门必修课，同时也最重要的课程。

5. 不要害怕耗费

有许多人之所以会拒绝参与到社团活动中去，是因为他们认为社团需要投入许多的金钱与时间，而这正是初入职场的人并不具备的条件。但事实上社团中的付费、交际耗费都属于小小的投资，要知道，这些投资绝不会被白白浪费掉，而会在你意想不到的情况下，连本带利地还给你。

参与社团活动，可以有效地拉近你与陌生人之间的联系，即使你新近才加入社团，人们也会对你较少提防。这种由生疏到熟稔的关系往往能够在不断的交流过程中，自然而然地建立起来。若你能积极地参与其中，对你的人脉资源积累无疑有着巨大的作用。

营造人脉的成功秘密

如果你生来不甘平庸，立志要做一番大事业的话，那你便不应该一心围着一撮朋友打转。而是应该走出这种故步自封的小圈子，走到外面的世界里去，更多地接触人群，学会与不同的人打交道，让他人看到你的与众不同之处，并学会如何从容地应对各类突发事件。只有这样，你才有可能广结人缘、赢得他人的帮助，你的事业才有可能攀上金字塔的尖顶。多参与不同的社团，在各个不同领域的社团里面呼朋唤友，这是治疗自我“封闭症”的一剂良方。

4 积极发掘，从关系里面找关系

许多年轻人会发出这样的感慨：他之所以无法成功，是因为自己身边没有强而有力的关系来辅助自己。在这个“人脉左右未来”的时代里，从表面来看，这样的理由的确可以成立，但是，若仔细推敲的话便可以发现，这种借口根本就无法成立，没有关系只能证明缺乏扩展自我关系的能力。其实每一个人身边都有一座“人脉矿山”，关键在于你是否有能力从“矿山”里面发掘关系。

看到“人脉矿山”，看到发展可能

“人脉矿山”是个人人生中永远处于待开发阶段的资源。众所周知，一个人的能力终归是有限的，孤军奋战、单打独斗，终归无法成为行业中的常青树。所以，我们需要眼光向外，面向社会，借助于他人的力量与众人的扶持，并充分地发掘身边的各种关系。可以说，谁能做到这一点，谁便能胜人一筹，成为人生路上的领先者。

科比亚顺利地从大学毕业了，当时在美国，社会上的大学生数量并不多，而像他这样毕业于名牌大学的学生更是寥寥无几。于是，他满怀信心地以为，只要用心，找到一份好工作根本不算难事。谁知，在找了一段时间之后他发现，因为时逢经济跌落期，再加上他没有工作经验，又缺乏足够的行业背景，居然没有一家公司愿意接受他。

正当科比亚沮丧不已时，他的父亲给他带来了一条好消息，说是一家大型的企业集团已经同意聘请他，并为他提供了一个不错的职位。

原来，科比亚的父亲是一名记者，由于工作关系经常会采访一些商界精英人士，久而久之就和他们中的一些人成为了朋友。有一次，科比亚的父亲结识了一位叫比尔·弗里的先生，他是一家全球知名的办公家具制造公司的董事长。几年前，比尔因为竞争对手揭发他税务问题而入狱服刑。科比亚的父亲发现，对方控诉比尔逃税的案件有些失实，于是赴监狱采访比尔，写了一些公正的报道，这使比尔非常感激科比亚的父亲。

于是，当比尔先生得知科比亚大学毕业却没有找到合适的工作时，就主动向科比亚的父亲建议，希望科比亚到他的公司来工作。很快，科比亚打电话到比尔的办公室，开始时，秘书不给转接，后来科比亚提到他父亲的名字时，才得到跟比尔通话的机会。

电话里，比尔说："你明天上午10点钟直接到我办公室面谈吧！"第二天，科比亚如约而至。未能想到，面试变成了聊天，比尔兴致勃勃地聊科比亚父亲的那一段狱中采访。整个过程非常轻松愉快。

最后，科比亚被比尔指派到了自己旗下最赚钱的公司任职。几十年后，科比亚也成了一家知名办公家具制造企业的老板。每当回忆起当年的事情，他都会不无感慨地说，如果没有比尔的重用，恐怕就没有他的今天。

不要总是以为自己的身边没有可以利用的关系，其实，你所认识的每一个人可能都有一个你并不知道的重要关系。可以说，人获得成功机会的多少，与其能够发掘、利用这种关系的敏感度有着直接的联系。对于仕途之人来说，这种关系就是靠山，对于商界之人来说，这种关系就是你需要重点整合的资源。利用好了这种间接的关系,你的发展便会出现极大的不同。

在关系中扩展关系

社会学家曾给出解释说，关系其实是传统文化与现代生活相互交融之下的产物。关系的本质有两个：一个是社会交换与相互利用，另一个则是传统与现代的制度断层。拉关系、为自己建立起关系网，其前提都是为了更好地生存与发展。但是在牵涉利益关系以后，我们往往需要考虑：我们应该到哪里去找关系？在找到了目标之后，我们应该如何去启动社会交换与相互利用的程序，令找到的目标可以为自己所用？

如果汇总起来的话，我们的人脉资源一共可以分为十七种：同学、亲戚、朋友、邻居、同事、校友、街坊、师生、师徒、部下、同乡、战友、领导、同党、干亲、结拜、世交。不过，若是延展开来的话，能够被我们扩展为自我人脉资源的远远不止这些，一些阶段性的相处、共同做过某件事情，甚至偶然间的相遇，乃至于同一年代出生的人，在有心人那里，都可以成为人脉资源的一部分。

可是，我们已经了解到，人脉资源就如同矿藏一样，也有贫富之分，并非所有的关系都需要我们去开发的，因为那样将会付出极大的精力、财力。自己的单纯关系尚且如此，从关系中去延展关系，更需要细心地甄别，这便涉及了延展关系中的关系时，如何进行“探矿”、“找矿”的问题。

在关系中扩展关系，便需要对你的关系进行二次的审视，对自己的人脉进行清理与维护，并从关系中甄别出，有哪些是需要我们去重点结交的：

1. 学会在恰当的时机去求恰当的人

利用关系的关系，最错误的做法莫过于，两眼一抹黑、什么人都求，病急乱投医不仅会伤害到自己的原有人脉，还有可能让已建立起来的关系处于尴尬境地中。许多人在遇到了事情之后，往往冲动而盲目，拿起电话，便给不同的人打电话。这种行为或许真的会博得大家的同情，但是也不免有人会看你的笑话，将你的狼狈形象当成自己的八卦谈资。这样一来，你的形象便会被自己彻底破坏了。

2. 给自己的人际关系排排队

利用关系扩展关系时，我们需要对自己手中现有的人脉资源进行对比与分析，看看哪些人是对自己最重要的，又有哪些人是稍次之的，而哪些人是根本无关紧要的。同时，根据自己的需要，去进行排队，并确立具体的座位、序列号。在排好之后，根据自我发展方向进行正确的决定，区别哪些关系是需要自己去重点维护的，哪些只是需要一般性的联系即可，然后，根据自己的时间、资本、精力，进行合理的安排。

3. 对自己的关系资源进行明确的分类

在利用关系找关系时，我们必须进行明确的分类：哪些人脉是可以在遇到了困难时第一时间救助的；哪些关系是可以出事之后找他们一起出谋划策的；哪些资源是可以为我们提供相应信息的。根据人脉的不同作用进行详细的区分，并列出相应的分类。在归纳清楚以后，你便能够对人脉拥有一个清晰的认识，在发生事情以后，需要利用关系找关系时，就能清楚，自己到底应该抽哪张牌。

平日里，不妨让自己多去想一想：你和谁在一起的时间更久？与谁在一起，对你的成长最有利？你的关系网中，哪些成员对你的人生与事业是起到了重要作用、能够为你提供正面积极信息的？在清楚地辨别了这些信息以后，你便会知道哪些关系对你的人生最重要，而这些关系的关系就是应该进行细心维护的。

营造人脉的成功秘密

我们需要明白，由单一关系向外不断地推演而出的关系网，本身就是一种战略同盟，这是一个有心营造、缓慢积累的过程。它的成功需要自己长期的坚持，而不可事倍功半、半路落跑，否则你的关系网便会越来越小，你所能利用的人脉也会越来越少。

5 熟人之间的连锁反应：朋友的朋友是朋友

我们每一个人都不可能只有一个朋友，而即使你与最好的朋友情同手足，你也不可能认识他所有的朋友。而且，我们总是会发现这样的巧合：两个从未谋面的人，在闲聊时竟然发现，彼此的人际关系网络中有交集。由此可见，每一个朋友都是值得我们去深入开发的宝贵资源，让朋友的朋友成为朋友，是丰富我们的人脉资源、构建起高效人脉的重要手段。

在熟人社会中找到支持的力量

《华尔街日报》曾经与美国人力资源管理协会共同进行过一项调查，调查对象包括求职者与人力资源主管。结果显示，有高达95%的人力资源主管或者求职者是通过人脉找到合适的人才或者工作的，而且，有高达61%

的人力资源主管与78.9%的求职者皆认为，这是获得最佳工作机会的最有效方式。在中国类似的调查结果也是一样：人们都认为，最有效的求职途径是“熟人介绍”。

众所周知，熟人社会的最大特点就是，在人与人之间存在着一种私人关系，人们通过这种私人关系联系起来，并构成了一张张的关系网。在熟人社会中，背景与关系是最典型的话语，所以，中国才会有“熟人好办事”这一说法。因此，如果你是有心人的话，你便应该根据自己的人脉发展规划，列出自己需要开发的人脉对象，然后，要自己现在的人脉支持者帮助自己寻找或者介绍你所期望的人脉目标，并最终为自己创造二者间的结识机会。

亚历山卓·福特是全球寿险精英的最高盛会——百万圆桌会议有史以来最年轻的会员，他连续12年都获得了该会议的顶尖会员资格。而他之所以会获得如此大的成就，关键就在于，他从自己的熟人社会中获得了支持。

在刚进入保险行业时，福特虽然尽力而为，但是在一年的时间里，他所赢得的客户仅有12位。这12位的客户所带来的资源毕竟是有限的，仅仅依靠这些，很难创造出辉煌的事业。福特很快就意识到，如果持续这样下去的话，自己的结果只有一个——被竞争激烈的保险业淘汰。

在无奈之下，他开始不断地督促自己进行有益的正向思考：“我现在已经有了12位客户，假如，这12个客户每一个人都有12个朋友、而他们都愿意为我转而介绍的话，那么，我便会拥有144位客户。将这144位客户服务好，他们又愿意为我介绍的话，那么，我们便会有1728位客户……”

虽然想起来简单，但是持续下去却需要一定的毅力，而福特恰恰做到了这一点，他的成功也正是这样来的。

我们知道，人与人之间本身就有相同群体相互吸引的特质，百万富翁的朋友多半是百万富翁，亿万富翁的朋友多半是亿万富翁。而人脉就是一个以个人本身为中心不断地向外扩展的网络，而建立人脉则是一个不断向外开枝散叶的过程。每一个人都有不同的人脉，每一个人都一些与他人不同的固定交往对象。很多时候，你苦寻已久的人脉资源其实就掌握在你的朋友或者你朋友的朋友手中，所以说，朋友是熟人社会成立的基础，同时也是个人人脉丰富的关键。

换言之，获得朋友的最简单方式就是通过朋友去认识朋友，这样，自己的人际网络扩展速度不仅会大大地加快，而且还会更具有可信度、坚实度。

深度开发二度人脉，让连锁反应爆发

有些人际关系大师在谈到如何才能让人脉资源更加丰厚的时候，习惯于指导人们将眼光投向陌生人：在他们看来，怎样更好地与陌生人打交道是个人获得人脉成功的关键，但是，对于像朋友这种已有的人脉资源，他们侧重的宣传点是如何进行维护而不是二度的开发。在他们眼中，只有做好了已有人脉的维护、保持，才能在自己需要时，发挥其更好的作用。可是，正是因为这种想法与做法，使得个人的人脉资源扩展与建设受到了阻碍。因为人脉资源的拓展与维护本身就是一个不可割裂的整体。

我们需要认识到，人脉资源是一种非常特殊的资源，它不会如同一般的资源那样，在开发利用以后，其价值便会被新的产品或者成果所代替。人脉资源往往可以多次地利用、尝试地开发，而且，在开发人脉的过程中，你不仅能够创造出更多的价值，而且自身的价值也会不断地提升：朋友因为你结识了更多的人脉资源，他必然会对你心存感激，并更愿意与你交流，而你在新建立关系的双方眼中，也会变得更有价值。

从自己现有的资源入手，把朋友的朋友变成自己的朋友，是进行人脉深度开发的关键。因此，在建立起自我人脉网络时，你不应拘泥于必须是自己认识的，或者是陌生人，而是可以通过朋友去认识更多的朋友。这样，不仅有助于提高他人对你的信任度，从而使合作成功的几率增加，使交际成本大大下降，而且有助于个人价值在人脉圈中的进一步宣传。

当然，虽然有共同朋友这一纽带，但是因为朋友的朋友毕竟属于二度人脉，我们并不是真正的了解。所以，想要真正地做好这种二度人脉的深度开发工作，同样需要掌握一定的技巧与方法：

1. 把握机会，为自己创造与新朋友认识的机会

有些人习惯在私人场合中保持全是熟人的景象，有些人还认为，活动中有陌生人存在会增加不便，所以不愿意出席有陌生人出现的朋友聚会，从而错过了交友的好机会。想要与朋友的朋友认识，你便必须与朋友加强联系，平日里，朋友之间举办联谊会、沙龙聚会或者各种庆典活动时，你应积极地参与。而且，越是那种轻松的、非正式的环境，你越应去积极地参与，因为认识朋友的朋友机会越多，便越容易建立起“二度人脉”。

2. 充分地利用中间人的作用

当你认识了朋友的朋友，而且发现对方是值得深入的人脉时，你就应利用好原有朋友的作用，不仅要从他那里了解新朋友的爱好、特点等，而且要主动地介绍自己，或者通过朋友，在三人之间再次组织活动，以便加深感情，更好地交流。

3. 交往中，更要凸显自我真心

与朋友交往时，你需要担负起自己身为朋友的责任。在与朋友的朋友相识后，你也需要明白，有了人脉便有了责任，更要对其显示出主动、热心的一面。否则，便极有可能导致二度人脉无法建立，而原有人脉又交恶的情况出现。

4. 让自己形成习惯性的话语

特别是在一些正式的商务活动中，利用这样的话语，往往可以让你培养起新的人脉。比如“如果有合适的客户，麻烦您介绍给我，好吗？”“今晚我们有一个活动，你可以带自己的朋友一起来。”“您是否有这方面的朋友，方便的话，是否能介绍我们认识一下？”这样的话不妨多说几次，慢慢地，你便会发现，原来熟人社会中可以利用的人脉也有很多。

营造人脉的成功秘密

熟人之间的人脉连锁反应之所以需要去重视，就在于它本身就是一个将人脉维护与人脉拓展综合在一起的举动。如果运作恰当的话，这种双向的作用不仅能够令你的人脉深度更进一层，而且还能够让你的人气大增。因此，有时候开拓人脉并不复杂，只是你自己没有找对方法，所以才把它变复杂了。

6 积累源于用心，把“外人”变成“自己人”

中国有句俗话说：“是自己人，一切好商量；不是自己人，一切按规矩办。”面对同样的观点，若是自己喜欢的人说，接受起来便会比较容易；相反，若是出自于自己厌恶的人之口，便会产生本能的抗拒与抵制。

自己人效应：我们处于同一阵营

人与人之间的交往本身就是一个相互影响的过程，若你能够利用一定的技巧，让他人与你产生“我们在同一阵营内”的感觉，他们便会对你心生好感。在这方面，政治家们拥有出色的天赋。

1860年，作为美国共和党的总统候选人，林肯参与了当年的总统角逐。他的对手是当时国内的最大富翁之一——道格拉斯。为了彰显自己的实力，道格拉斯的团队为他租用了一辆超级豪华、富丽的竞选列车，沿路进行宣传与演讲，道格拉斯对此颇为得意：“我就是要让林肯这个乡巴佬闻闻我的贵族气味。”众所周知：林肯出身贫寒，很多共和党人都在担心，林肯的势头会被压下去。

面对此情此景，林肯却并没有产生丝毫的惧怕，他登上了朋友们为他准备的耕田用的马车，并不断地沿街发表着自己的竞选演讲："有人曾经给我写信，问我名下有多少财产，我有一个妻子、三个儿子，他们都是无价之宝。此外，为了工作，我还租了一间办公室，办公室里有一张办公桌、三把椅子，墙角处还有一个大书架，书架上的书值得每一个人去细细阅读。我本人不仅贫穷，而且毫无富相，我的脸蛋很长，这让我不用担心会发福。我实在没有什么可依靠的，唯一能够依靠的就是你们。"

也正是这一句"唯一能够依靠的就是你们"使选民们被深深地打动了。他们对林肯产生了"自己人"的感觉，并对他进行了大力的支持。后来，在选举中，林肯成功胜出，并顺利地当选美国总统。

在人际交往过程中，人们往往会因为彼此之间存在某种共同的地方或者相似之处，而对对方产生亲切感，从而建立起友好的关系。这便是心理学上的"自己人效应"，该效应近年来在管理学界被广泛地运用，原因就在于，它使管理者可以利用有效的技巧，增进与下属之间的一体感。在人脉交往中，"自己人效应"运用得当的话，就会使你的人脉关系网获得深入的扩展。

把外人变成"自己人"，你需要一定的方法

在人脉关系中进一步运用自己人效应时，我们需要去了解自己人效应到底是如何产生的，它又具有哪些特质。一般来说，它具有可接近性、相似性、互补性和相容性的特征：空间距离比较近的两个人接触的机会比较多，而且更容易产生好感，从而彼此引申为"自己人"；与自己拥有相似性格、相同爱好、共同语言的人，更容易成为"自己人"；对方的需要、期望等能够形成互补关系的双方，也可以发生"自己人效应"；善于宽容、大度的人，更容易被他人接纳，成为"自己人"。

在 1961 年，心理学家纽加姆曾经做过一个实验：证明了空间距离、人格特征、价值观对"自己人效应"所产生的巨大作用。实验征集了 17 名志愿者，并让他们住在了一起。在这些志愿者进入公共宿舍之前，

实验者对他们的人格特征，以及个人对于审美、经济、政治等方面的态度与价值观进行了测定，然后，分别将那些人格特征与价值观相似、或者并不相似的人混合地安排在了几个不同的宿舍里。在共同生活了4个月以后，实验者让这些志愿者相互评定，在室内人员中，他们喜欢谁、不喜欢谁。

实验结果表明，在相处的初期，空间上的距离决定了他们选择伙伴的主要标准，同宿舍的人明显要比非同宿舍的人更亲近；但是到了后期，人格特征与价值观相似的人往往会走得更近，并成为了他们之间建立起关系的重要因素。

其实，人脉塑造是否能够成功，关键在于，你是否能够让他人与你建立起归属感，而这种归属感可以归结为五个不同的维度：舒适感、识别感、安全感、交流感、成就感。纽加姆的心理实验也为我们提供了进一步扩展到人脉交往中的经验，若想让自己在人际交往中制造出“自己人效应”，成为广受欢迎的人，我们需要做到以下三点：

1. 强调自己与对方一致的地方

假如你没有理由地称自己是对方的“自己人”，对方不但不会相信，而且会感觉你为人轻浮，甚至还有可能怀疑你的居心。想要让对方产生“他是可以交往的人”的印象，或是想要在人际交往的过程中，使他人认为你的观点是可以被接受的，你便需要强调自己与对方一致的地方，这种一致是你们进行深入交往的关键。因此，发掘对方的性格特征、个人喜好，便成为建立起“自己人效应”的关键。

2. 应力求让双方处于平等的地位中

若你与对方所处的位置不同，即使你所表达的言辞再冠冕堂皇，也无法成为引发对方共鸣的关键。其实，不管是换位思考，还是同甘共苦，都是为了让彼此的心灵处在同一个平面上。唯有如此，双方才有可能产生感情上的共振。想要获得对方的信赖，你便先要与对方拉近心理距离，令你的人际影响力获得进一步扩展。

3. 让自己拥有良好的个性品质

假如你缺乏良好的品质，即使你将别人当成自己人，别人也会不屑与你为伍。我们需要明白，没有人愿意与品行不良的人为伍。因此，在人际交往中，那些具备开朗、坦率、大度等良好品质的人，受欢迎的程度会很高；反之，有嫉妒、傲慢、斤斤计较等不良品质的人，往往不容易受到大众的欢迎。

另外，在运用自己人效应拉近彼此关系时，你可以用“我们”代替“我”，因为多使用“我们”一词，能够缩短自己与对方之间的心理距离，令对方产生认同感。很多人不懂得这一点，在说话时往往更多地使用“你”这一词汇，而这样很容易让你所交际的对象感觉，你与他分别属于“你”和“我”两个不同的阵营，从而不利于下一步的交往。

营造人脉的成功秘密

其实，自己人效应归根结底属于人与人之间的归属感问题：大部分时间里，我们只愿意与那些能够让我们产生归属感的人在一起。从一定意义上来说，人际交往的本质是一个寻找归属感的过程。因此，当你想要结交一个朋友时，你便需要让对方对你产生归属感，以便让他将你吸入他的圈子，或者你将他纳入自己的圈子。自己人效应所利用的正是这种圈子心理。

7 唤醒名片中沉睡的力量

现代社会中，我们每一个人都有许多弱联系，这些弱联系积累的方法有很多，名片便是其中之一：你在参与聚会、商界活动的时候，很可能会收到一大堆的名片。但是，很多人会将名片中一些宝贵的信息遗漏掉，从而造成不可估量的损失。如何唤醒名片中隐藏的强大人脉力量，是我们应该去慎重考虑的问题。

忽视名片？你忽视的是自己成功的可能性

想要利用好自己人脉网络中的弱联系有很多的方法，但是想要更好地运用这些方法，不但需要我们拿出诚意，愿意付出足够多的精力，同时还需要我们对于细节拥有更强的掌控能力。其中，名片的作用或许是最常见、但是又最容易被人忽视的。

珂西亚是一家公司新晋员工，在入职以后，为了工作方便，上司特地为她制作了几盒名片。从来没有过自己名片的珂西亚极为兴奋，她认为，自己既然有了名片，就应该好好利用，并不断地利用名片来扩大自己在客户中的名气。

于是，在许多场合中，你都能够看到珂西亚发名片的场景：她总是使用最标准的姿势将名片递出去，以满脸的微笑、亲切的语言来换回他人的名片。在这种时候，客户们总是会被这个活泼而勤奋的小姑娘所感动，心甘情愿地奉上自己的名片。

珂西亚将这些名片随手放入自己的手提包中，聚会、活动结束以后，她便将这些名片聚拢在一起，放在桌子里面，再也不曾打开看过。有时候，偶尔有朋友来家中玩，她便会拉开这个抽屉："看啊，这是我入职几个月以来收集到的名片，各式各样的都有，很不错吧！"此时，朋友们不仅会为她所拥有的名片数量之多而感慨，更会为这些名片上所出现的形形色色的各种头衔而惊讶。

直到有一天，珂西亚接到了一个陌生的电话，对方声称，珂西亚在聚会上诚心地要走了自己的名片，可是珂西亚自己却丝毫印象都没有了。给每一个人发名片时，她都是诚心诚意的，可是那么多人，自己怎么可能记得上来？就算对方报出了姓名，珂西亚还是毫无印象——在这种情况下，电话那头的客户礼貌地挂掉了电话。

后来，珂西亚才知道，给她打电话的是公司的一个大客户，对方原本有一笔生意要与珂西亚细谈。她因为不懂得善用名片，导致了公司的巨大损失。

现如今，名片早已是人际交往过程中的必备工具之一，可是，许多人并不重视名片在人脉中的作用，他们对于名片的理解也过于狭隘，所以，造成了在社交场合乱发名片、不带名片，甚至带了名片也想不起来发的情况出现。他们处理名片的方法就如同珂西亚一样，在这种情况下，名片的作用被降到了最低，而那些潜在的人脉关系也被忽视了。

这种做法的最大坏处就在于，无形之中，很多的潜在人脉会被忽视掉，一方面，是自己不尊重名片，不懂得利用名片去推荐自己；另一方面，自己也不重视从他人那里得来的名片，从而使自己错失了结交重要朋友的信息。

一张名片上往往蕴涵着最基本的信息，这些内容不外乎有姓名、单位、电话与电子信箱等，对于那些不善于开发、利用的人来说，他们也往往只能得到这些信息；而对于善于开发、利用名片的人来说，名片就如同一座人脉资源宝库一般，只要开发，名片上便绝对没有过时、无用的信息。不断地开发、利用名片资源，我们的人脉资源便永远不会枯竭，而一旦停止开发利用，就再也无法从名片中获得有效的人脉资源。因此，只有在名片上用心，才能使名片真正地成为自我人脉建设的重要资源。

让沟通在名片中活起来

名片所起到的作用是双向的沟通，有发有收，形成良性的循环，才能做到更好的沟通。因此，对名片的开发、利用是一个双行道：一条是主动的对自我人脉进行拓展，即以发放名片为源头，扩展人脉；另一条则是跟进式的拓展人脉资源，即以收到名片为起点，进行人脉的拓展。两者虽然方向不同，而且各自有其不同的方法与手段，但是，只要能够真正地开发与利用好名片，便有助于进行人脉资源网络的建设。

主动进行人脉资源拓展的代表人物莫过于世界推销大师乔·吉拉德，他对自我所拥有的名片资源进行开发、利用的手段，值得每一个人用心地借鉴。

乔·吉拉德非常重视名片的作用，用他的话来说："我要告诉每一个拿到我名片的人，我是谁，我是做什么的，我在销售什么，我要让所有买车的人都有这样的意识：他们应该和我联系。"可以说，在乔·吉拉德的眼中，名片已经不再是单纯的名片了，而是人脉的种子，他在发名片时，所抱有的心态与想法就如同农民在播种一样。

于是，人们经常可以看到，在棒球场上或者足球场上，一个提着一大兜东西的男人，一到比赛达到高潮的时候，就会兴奋地站起来，从兜里抓出一大把的纸片，大把大把地撒向空中，就如同雪花一样，漫天地飞扬。而这些纸片就是乔·吉拉德的名片。更令人惊讶的是，这种撒花式的名片销售法，竟然真的为他销售更多的汽车创造出了很多的机会。

乔·吉拉德对于名片的重视程度早已超过了一般人的想象，对于他来说，名片就如同他的钱包一样，如果他哪天忘记带了，就有一种浑身不自在的感觉。所以，就算是吃饭结账的时候，他都会在付小费时，把握好最好时机，向对方赠送一张自己的名片；而且，在给他人寄送信件或是明信片时，他也往往会附带上一张自己的名片。

可以说，名片在乔·吉拉德积累人脉的过程中立下了"汗马功劳"，同时也使他赢得了空前的成功。在他的一生中，他一共销售出了高达13001辆车，他的最高单月销售纪录为174辆，即平均每天都能销售出约6辆的汽车。而这些纪录在他1978年1月向销售界宣布退休后，至今无人能打破。

从乔·吉拉德的身上我们能看到名片的作用：只要管理得当，它便是一张价值巨大的金字招牌，能够为你带来丰富的、无尽的人脉资源；相反，若是你不加以重视的话，它便有可能令你失去许多的潜在人脉。

当然，想要在名片上尽可能地挖掘价值，对那些潜在的关系进行笼络，我们首先要做的第一件事，就是让自己养成按时整理名片的良好习惯。在对名片进行管理的时候，我们可以按以下方法，让自己尽量保持清晰而明确的名片管理方向。

1. 记清楚名片的相关信息

在不同的场合与他人进行名片的交换以后，我们务必要尽量详尽地将与对方会面的人、事、时、地、物等信息进行详尽的记录。在活动结束以后，对刚刚所认识的、具有人脉价值信息的重要人物进行回忆，并记住对方的姓名、企业、职务、行业等。在第二天或者过两三天以后，主动地向对方打个电话或者发封电子邮件，向对方表示与他结识的荣幸和愉快，或者对他人表现突出的某个方面进行适当的赞美，或者，也可以对活动过程中所出现的愉快细节进行一下回忆，这样能够令对方进一步加深对你的印象与了解。

2. 对名片进行分类管理

在对名片进行分类管理时，你有多种方法可以参考：比如，按所在省份、城市；也可以按对方所在行业进行分类；更可以按人脉资源的具体性质进行分类，比如，同学、客户、专家等。以上几种分类方法都可以让你在短时间内找到你所需要的信息，并能达到一目了然的目的。

3. 让自己经常翻看名片

在工作的间隙或是休息日，让自己翻看一下名片档案，或者给对方打一个问候的电话，发一条祝福的短信等，让对方感受到你的存在和你对他的关心与尊重。

4. 对名片进行定期的清理

你可以把自己手边的所有名片与相关的人脉资料、数据进行一次全面的整理，并依照利益关系性、重要性、互动频率、使用几率与数据完整性等因素，将它们分成三类：第一类是需要长期保留的；第二类是目前不太确定、但是可以暂时保留的；第三类是确定不要的，对此类资料应该进行及时的销毁处理。

或许你并不能确定自己是否能对以上方法持之以恒，但是，如果你现在已经意识到了名片的重要性，那么，不妨让自己就此起身，去整理一下名片吧，立即行动，往往能够让你获得更快的名片管理效果。

营造人脉的成功秘密

我们对名片的重视、管理，归根结底都是对名片进行开发、利用，令名片真正地成为自己的人脉资源网络建设的重要资源；通过对名片上的资料进行深层次的开发、管理，可以让自己获得更多、更重要的资料。从现在开始，去重视名片的作用吧，只要用心，你一定能够从中获得自己需要的人脉资源。

你认识谁

第五章 帮助他人变强，提升自我人脉质量

“好风凭借力，送我上青云。”这原是《红楼梦》中薛宝钗所作诗词《柳絮词》中的一句。就是这一句，令无数人得到这样一个启示：有时候，你若想在事业上获得成功，还需要借助于他人的力量。扶植他人，帮助他人变强，让他人发展成大树，使自己的人脉质量获得提升，你扶摇直上的日子也就不远了。

先别怕吃亏，多带“利他”指向性做事

人的本性中大多存在好逸恶劳的习惯，有些人特别喜欢在做事前先盘算：我能从中得到多少好处？但是，这种习惯在人际交往中往往是大忌，因为一个人是否舍得、是否能先放下自己，是两个人能不能成为朋友的关键。而且，我们往往会通过“舍”的程度，来判断自己在对方心目中的分量。因此，与其过多地去想自己能获得多少东西，倒不如将自己的心用在帮助他人成长上，这样一来，反而更容易促进人脉的成长。

别怕吃亏，关系才能找上门

中国文化中有“舍得”一词，而向来善于进行语义重组的国人对它进行了二次的解释：“舍得舍得，有舍才有得，舍是得的前提。”其实，这种舍得的思想，就是人脉交往中建立起良好交际基础的关键。若你的最终目标是利益上的收入，那么，你更应该牢记“舍得”一词，因为“舍得”在商界人脉

的塑造上往往能够呈现出更加强大的力量。

曾经对国嘉实业进行重组、并借此达到借壳上市的北京和德集团，在借壳之前仅仅是一家普通而传统的进出口公司。该公司从1994年开始，在短短的三四年时间里，资产迅速地由人民币3个亿扩大到了30个亿，主要靠的就是鱼粉的进出口生意。数据显示，处于鼎盛时期的和德，其鱼粉销量在国内的市场份额高达85%，处于绝对的垄断地位，同时，它也是世界上进出口鱼粉贸易量最大的企业。

为什么和德集团会在极短的时间里获得这样长足的发展？细细研究之后你就会发现，价格是它赢得胜利的关键：在同行业中，和德的报价永远是最低的，它在进行鱼粉销售时，每吨的价格要比其他公司低将近100元。

这样的生意看起来是在赔钱，但事实却刚好相反：一方面，和德要求，与自己合作的所有买家在进行购买合同的签订时，都要预先支付40%~50%的订金，而合同时间一般都在3个月以上。这样，在交易之前，便已经有50%的货款提前3个月进入了和德的账户。随后，在鱼粉装船通知单下达之后，和德会通知对方进行另外50%货款的支付。在接近一个月的行船时间里，和德已经获得了大量的运作资金。

另一方面，因为价格上的绝对低价，和德在业内无人可以企及，这使它在银行拥有极高的信用度，能够在不具备任何抵押的情况下，得到多达半年的信用证额度。两者相加之下，和德在一年的时间里，便至少有大半年的时间拥有充足的流动资金。有了流动资金，新的业务运作与扩展便完全是一件轻松的小事。

最重要的是，因为价格上的低廉，国外大多数的公司都会选择和德：经商的目的就是赢利，在自己有利可图的情况下，商人自然会选择最低的价格。

和德集团的董事长毕福君在针对自己的经营策略进行解说时，曾经用过这样一句话来概括："经商其实很简单，大量地销售，而大量销售的秘诀就是让利。”

你能说和德的吃亏真的是“吃亏”吗？这种吃亏使和德拥有了银行、合作伙伴、流动资金上的绝对优势，而这种优势的确立对于企业的成功而言，无疑具有极为重要的意义。吃亏是福，正是因为人本身都有趋利的本性，你吃点亏，让他人得利，便能在最大限度上调动对方的积极性，使自己的人脉、事业同时获得提升。

利己先利他，舍小利才能得大利

中国香港最出色的企业家李嘉诚曾经说过这样一句话：“越是只想让自己赚钱的人，就越赚不来钱，有钱大家赚，自己才能赚钱。”这一原则其实在整个生意场上都适用：做生意你应拥有总览全局的胸怀，舍得小利，才能得到长远的收益，只有得利让人，方能让自己以“吃小亏”换来“大便宜”。也正是依靠了这种出色的“利人”之道,李嘉诚的事业才能够做得如此成功。这绝非一种简单的经商艺术，同时更是一种高明的人脉思路，世界范围内那些拥有长远人脉布局意识的人们都明白这一道理。

我们处在一个塑料工业、钢铁工业极度发达的社会里，这些现代工业产品的优势自然很多：它们具有极强的耐磨损、抗腐蚀、省维修费等多种不可取代的优势。但是，自创业之初，日本一家公园设备制造厂的负责人便拒绝这些现代化的材料，而是坚持用成本相对较高的实木来制造公园设备。

这位名叫藤森的商人的做法无疑引发了他人的不解，因为当一个时代的名称都改变成为“钢铁时代”时，他的“实木主义”无疑是逆时代潮流而动，更何况，用实木来制造公园设备的利润根本无法与用现代工业产品相提并论。可是，藤森却并不这样以为。

他本身对于环保拥有远见卓识，在进行了研究之后，他坚信，作为一个崇尚绿色生活的国度，日本早已实施了各种环境保护的法律法规，而环境生态学的时代也终将来临，使用不进行任何防腐处理的进口木料来进行公园设施的制造是一种必然的趋势。但是，藤森的建议却在当时遇到了困难：日本当时规定，用于制作的木材产品必须要进行全面化的防腐处理，所以当他向管理公司的市公所提出自己的建议时，遭遇了无情的拒绝。

可是藤森却并没有因此而妥协，他不断地到各种人群中宣传自己理念的正确性，同时，为了使相关部门看到使用这种材料的好处，他还专门拿着许多相关的证据，到市公所与官员进行谈判，以证明在西方许多国家，它们早已采用了这种环保的方法。而且，仅就日本的国情来说，考虑到风土与气象等多方面的综合问题，最好也采用这样的方法。

终于，藤森的努力获得了市公所的赞同与理解，同时，他提出了相关的计策，令相关的单位也了解了这样做的必要性。虽然自己公司的收益相对减少了一些，但是，因为这一次的行动，越来越多的人开始支持藤森的做法，公司在这些社会人士的支持与帮助下，获得了飞速的壮大发展。

藤森的成功秘诀就在于他拥有“利他”的长远目光：在这些精明的人眼中，收益虽然重要，但是，如何让他人先得益的情况下，再去获得收益，是他们重点考虑的问题。这种以“利他”为指向性的做事方法，往往会让个人拥有超乎预期的收获，不管是人脉塑造还是商界竞争皆是如此。

时代的发展令人们越来越注重自我行为所带来的利益回报率，如今，怕吃亏早已成为了人际交往中的最大黑洞，再加上人的本性就是不断地去追逐利益，所以，有高达 80% 的人都不愿意放弃自己的丝毫利益，而这种行为也往往会导致人与人之间经常处于紧张与对峙的状态：你不想让步，他人更不想，两相僵持之下，人脉网络的塑造结果可想而知。

而对一个愿意利他的人来说，他的吃亏行为给别人带来了心理上的安全感，而他们自己也被贴上了实在、可交等各种积极的标签，而这些标签无疑会让他获得更多人的情感认同，人们愿意与他们相处，继而也愿意在他们需要的时候伸手援助。

营造人脉的成功秘密

在现实生活中，可以主动吃亏的人并不多，这不仅仅是因为个人的短视与人性的弱点：大部分人都无法拒绝摆在自己面前、本来就属于自己的那一份利益。更重要的是，是否能够做到主动的吃亏，还与个人的实力相关，因为在吃亏以后，不但利润减少，而且人际开支依然存在，若是过多地吃亏，便有可能让自己出现严重的亏空。所以，当你决定要在人脉交往中实行“利他”原则时，你必须要全面地考量自己的实力，否则，吃亏对你来说，就等于在“放血”，而对于体弱多病的人来说，这种放血很有可能致命。

2 拉长时间线，创造“宾主两益”的机会

功利性的目标对于人脉塑造的危害我们已经多次提到，如今，我们需要明确的另一个人脉塑造观点是：你应该将自己的眼光放得更远一些，拉长自己的人脉塑造时间线，在不断的交往过程中，创造“宾主两益”的机会，唯有如此，你的人脉才能获得新的增长。

让别人受益等于让自己受益

埃·哈伯德说：“聪明人都知道这样一个道理：帮助自己的唯一方法是帮助别人。”在建立与扩大人脉网络的时候，若你有无从下手的感觉，你可以参考一下杰·亚伯拉罕的建议。

杰·亚伯拉罕是世界上最一流的行销大师，他曾经做过世界500强与多达一万多家的大小企业的顾问，他的顾问费与演讲费都属于世界一流。可以说，他的成功来源于他在人脉关系上的新颖见解。

他曾经教向他请教如何增加客户量的牙医这样的方法：多与自己的患者保持联络，并为他们提供专业的意见。

这位名叫切莫尔牙医的诊所在过去很长一段时间里都处于惨淡的经营中，在得到了杰·亚伯拉罕的意见之后，他便采用了全新的顾客交流方式：在帮助病人做完了治疗之后，他总是会在当天晚些时候向对方打电话问好，了解治疗的效果到底如何，并将相关的结果记录下来。在一个星期以后，他还会再次打电话过去，问对方情况如何；一个月以后，再打一次电话。

这让他的顾客有些惊喜：他们从来没有遇到过这样的牙医，大部分的牙医甚至连他们主动去诊所交流都不愿意接待，而切莫尔却会在帮助你做了最简单的补蛀牙手术之后两三天便打电话给你，而且还会继续跟进你的治疗情况，确定你的不舒服或者疼痛是否已经完全消失了。而这种情况下，你一定会感到受宠若惊。30天后，他还会再打电话给你，确定手术并没有引发发炎、肿胀等情况，而你的蛀牙也没有复发。顾客们感觉，切莫尔是真的在关心他们，而不是单纯地想从他们手里赚钱。

接下来的一切便显得极为自然了：这些接受过切莫尔治疗的人们不断地向周围的人说切莫尔的好，甚至会带自己的全家人都去他那里治疗，而他们的同事、邻居在听到了这样一位出色、爱关心人的牙医之后，也乐于让自己的治疗过程变成一个快乐的过程。

在杰·亚伯拉罕的建议之下，切莫尔的生意突然好了起来，而他与患者之间也早已形成了一种特别的关系：这种关系超越了一般的医生与患者，而是近乎朋友。

这种帮助他人、让他人受益从表面上看起来与“双赢”有所相通，但事实上，这种人脉塑造方法要比“双赢”更加有利：双赢所塑造的只是个体与个体之间的受益，是两个人、两个团体之间的受益，但是“宾主两益”却能让自己、朋友、朋友的朋友、朋友的朋友的朋友……形成互惠。这种扩大化的互惠关系对于个人发展而言，无疑更有积极的意义。

变身中间人，营造宾主两益的机会

如果你营造人脉的目的是单纯地为自己创造利益的话，那么，你的人脉塑造多半会失败。但是，如果你从“宾主两益”的角度出发的话，那么，不管你是生意人，还是政客，抑或是一个普通的职场中人，你都能获得足够的人脉支持。

1. 你应该尽量在自己的人脉圈子中营造出“受益”的氛围

如果你发现自己的身边有这样的人：他愿意将朋友或者合作伙伴的好处传递给你，或者，他愿意鼓励你去认识比他更好的人，甚至对那些别人并不赏识、与他关系并不佳的人进行大加赞扬，并认为，他们身上同样有可取之处的话，你便应该与他建立起积极的联系。

因为他向你提供的是这样的机会：让你在他之外，获得更多的人脉机会，同时他还令你更客观地了解到其他人的好处。

在营造这种“受益”氛围时，你应该注意以下几个要素：

● 你与对方之间完全不存在竞争性，你们不会出现任何因利益而争执的情况；

● 你不会夺走对方利益或者排挤对方，更不会破坏对方与他的人脉之间的正常关系；

● 你能保证，对方能够从这种互相介绍的人脉中获得好处；

● 对方只是起到了介绍的作用，在其他方面，你不需要对方付出时间、精力与金钱；

● 如果你与第三方人脉建立起关系时出现了意外，你会担负起所有的责任，而不会让对方受到伤害或者损失。

利益是使人与人之间形成紧密联系的关键，但是，利益同时也是导致人脉破裂的关键。向对方表示，你们之间绝对不会出现任何的利益冲突，可以令你们之间的关系呈现出完美的互补：你可以从他的人脉中获得原来自己无法触及的帮助力量、你能够赚到自己原本赚不到的钱，你不需要花任何的成本，就能够获得额外的人脉力量，而对身为“中间人”的他来说，也同样如此。

2. 为那些与你有利益交流的人提供“特殊的待遇”

切莫尔为他的患者所提供的其实就是这样一种的特殊待遇。对于那些与你存在利益交往的人来说，你必须要让他们感受到，你对他们是非常重视的。你可以通过协商，让他们从你这里获得比市场价格更低的产品，或者高于从其他人那里获得的关怀、爱与快乐。这种额外的价值可以让你与对方其他的人脉区别开来，同时也能够让他们感觉，在你的眼中，他们是特别的、是重要的，更是具有独特性的。

3. 在朋友与朋友之间充当中间人

朋友的朋友是朋友，在人际交往中，我们不能仅仅将他人当成中间人，有时候，我们也需要自己去担任这一角色，在朋友之间为他们拉拢关系，这样，你便可以与他们建立起亲密而友好的关系。你可以在一个朋友需要帮助时告诉他：“我有一个朋友，或许他在这方面能够为你提供更有建设性的意见。”然后你可以再告诉自己的另一个朋友：“我想，我这里有些问题是你感觉有兴趣的，你可以尝试一下。”这样，你轻易地将双方拉拢在了一起，这样做的好处就在于，你使两个拥有相同兴趣的人结识了。只要你这样做了，你便能够成为双方眼中的大红人，同时还能让自己从中受益。

按照以上三点方法做下去，你便会发现，所有那些对你的朋友有重要意义的人脉，在自然而然间已经变成了对你同样重要的人。这种人脉之间的相互拉动将会长久地持续下去，而你的人脉也将不断地获得扩展。

营造人脉的成功秘密

这种在自我人脉中形成“宾主两益”式的交往并不简单，你在充当中间人的时候，应该对两者的个体情况拥有一个明确的认识，在保证双方相识之后不会变成敌人的同时，还要确保自我利益不会因此而受损。相对于一般的人脉网络建设方法来说，该方法更需要你去付出大量的时间去关注、去观察。

3 共享成功，才能共图未来

如果你依靠人脉获得了成功，那么，你也应该懂得回馈：与他人一起共享成功，这样你会更成功。这是一个早已被无数的成功案例所证实的处事真理，古往今来，概莫能外。你可以试问一下自己：当你获得成功的时候，你是否向那些帮助过自己的人表示过感激之情或者及时在他人落难时伸手相助，若是没有，你便是一个不善于与他人共享成功的人。而此时，你该注意了：没有这样的经历或者体验，你的成功也很难持久。

看清人性，让自己学会共享成功

成功为什么要与他人共享？一方面，这是一个有关人性的事情：人人都有渴望荣耀的欲望，若自己未能获得成功，而身边的人却成功了，个人也往往会出于不同的心理，期望能够从中分一杯羹，特别是当对方的成功是自己出了力、帮了忙时，这种心理更会明显，能够做到完全置身于他人成功之外的人少之又少。而另一方面，出于人际交往中的互惠原理之说，你在得到了他人的帮助之后，本身也应回馈或者与他人分享成功的喜悦。

杰克·伦敦有一个贫穷而不幸的童年。14岁那年，他借了别人一笔钱，购买了一条小渔船，偷偷地捕牡蛎。但是不久之后，水上巡逻队便将其抓住，没收了渔船，而且还罚他去做劳工。杰克·伦敦趁着看守不注意逃了出来，并从此成为一个流浪水手。

两年后，杰克·伦敦与自己的姐夫到了阿拉斯加，变身为无数淘金者中的一名。在这里他结识了很多的朋友，他的这些朋友虽然都是贫困的人，但是却充满了生命的活力。

在这些朋友里，中年人坎里南是较为特殊的一个，他来自芝加哥，一生历尽了无数的辛酸与苦难。在听他倾诉自己的人生时，杰克·伦敦经常情不自禁地潸然泪下，这使得杰克·伦敦的目标更为坚定：写作，特别是要写淘金者的生活。

在坎里南的帮助下，杰克·伦敦开始利用休息的时间看书与学习。在1899年，23岁的杰克·伦敦写出了处女作《给猎人》，接着又出版了小说集《狼之子》。这些作品以淘金工人的辛酸生活为主题，赢得了当时广大中下层人民的喜爱。杰克·伦敦渐渐迈入了成功者的行列中，而他的那些书也为他带来了巨额的财富。

在刚成功的时候，杰克·伦敦还经常与和他共患难同甘苦那些淘金工人们一起喝酒、聊天，并共同回忆从前那些美好而又艰辛的岁月。

随着杰克·伦敦财富的增多，他也越来越看重钱。他甚至在公开场合声明，自己只是为了钱才写作的。他的生活越来越奢华，并大肆挥霍自己手头的巨款。此时的他早已被金钱蒙蔽了双眼，根本就看不到那些穷朋友们了。

一次，坎里南不远万里到芝加哥来看望杰克·伦敦，但是杰克·伦敦却对坎里南不理不睬，只是忙着进行各式各样的应酬与聚会。一个星期的时间，坎里南只见了他两次，而且两次他都对坎里南极为冷漠。坎里南头也不回地走了，与此同时，杰克·伦敦的淘金朋友们也永远地从他的身边离开了。

没有了朋友，离开了写作的源泉与灵感，杰克·伦敦的思维日益枯竭，他再也没有像样的著作问世。由于挥霍无度，他陷入了精神与金钱的双重危机中。在1916年11月22日，无路可走的杰克·伦敦在自己的寓所里结束了自己孤独的生命。

这便是不懂得分享、忽视朋友的下场。人脉存在的一个重要之处就在于：有了朋友以后，你能够在遇到困难时拉住朋友的双手，对方也会主动地将自身的温暖传递给你，让你不至于因为遭遇了挫折而失去生活的希望。而一旦你在身处温暖之中后，忽视了人脉的重要性，使朋友之间好不容易建立起来的关系破坏掉，那么，你的人脉网就会越来越小。

懂得共享，你的未来才会更广

这是一个共享传递价值的时代，仅从互联网的发展中，我们便可以窥见一斑：马云、马化腾、张朝阳……他们的成功并不能简单地归结为网络科技的迅速发展。透过现象看本质，我们会发现，这个时代的核心精神，早已是通过共享来传递价值的时代。包括谷歌、百度、奇虎旗下的各种互联网产品在内，它们都是通过共享开始发展的：当你愿意与他人共享时，你才能被更多的人认可与分享；与其说你的成功是靠了技术，倒不如说，你是靠了他人的认可与共享才获得成功的。

新东方创始人俞敏洪曾经说，在新东方初有成就时，他大学同室中的一位同学萌生了想要入伙的想法，但是，当初同室的另外几个合伙人却都不乐意，原因是，在上大学期间，这位同学因为家在本市，所以每周都回家，回家来时，他都会带六个苹果。其他五个同学都以为，他会将这五个苹果分给大家吃，但是他却每天一个，直到下一个周末回家。大学四年间，他周周如此。俞敏洪说，大家之所以愿意在新东方成功之后还认同他，原因就在于，大家都知道，他不吃独食：只要他有饭吃，大家便会人人都有粥喝。

古话说，真正的朋友可以同富贵、共患难。想要结交真正的朋友，想要让自己的人脉圈子更加巩固，懂得共享成功尤其重要。因为，一个懂得舍得、懂得共享好处的人，往往会在朋友圈子里面拥有极高的话语权与影响力。

面对不同的人，学会使用不同的共享之道

在你通往成功的过程中，必然会有不同的人贡献了不同的力量，在与不同的人进行共享时，势必要采用不同的方法。那种“胡子眉毛一把抓”的共享方法，不仅不会对你的人际营造有利，反而会给人留下你不懂分寸的印象。

面对在你的成功路上有举足轻重帮助作用的人，你需要慎重地对待。他或许是一个你极为重要的客户，或许是一个交情已深的朋友。面对这些人，

投其所好是必然要采用的方法：他若和你一样爱好结交朋友，不妨为他介绍几个业界内的重要人物；若他有私人爱好，不如送上一份厚礼。若他只是期望与你以心交之，不如在百忙之中抽个时间，专心地陪老友喝上几杯或打上几杆球。

对待与你在人生路上的同甘苦、共进退的伙伴时，除了要在金钱上做到厚待以外，也要注意让对方获得与他们的付出相当的精神奖励。满足他们在各个层面上的不同需求，让他们感受到，与你在一起，他们的付出是值得的。

若对方只是在你奋斗之时，为你提供了一时方便，或是施予了小恩小惠之人，也别忘记送上一份小礼物，或是在人前多提提对方的好、多夸奖一下对方的仗义，两者都能满足对方的虚荣心，更能让他们感受到，你是一个知恩图报之人。

营造人脉的成功秘密

通过共享成功，一个业绩平平的公司可能会赢得员工、客户与公众的支持与认可，迅速地成长为一流的企业；通过共享成功，一个原本普通的人，可能会在短时间内发展成众人眼中的“青年才俊”。与他人共享成功、财富、快乐，我们自己也会变得更成功、更最富有、更快乐。

4 “站在他人的角度想问题”的精明

自从人类诞生之后便有一个通病：过于自满，总是认为自己有多么了不起。哪怕自己说错了话、办错了事，一天时间没有过去，便会在心里为自己找出很多理由来支持自己的错误，认为自己这样做完全是对的。如此一来，便形成了这样的习惯：总是怪别人不了解自己，而对于自己是不是了解他人这一问题就不想再去考虑了。其实，学会换位思考，善于站在别人的角度与立场上去考虑问题，是一个人成就大事与获取成功的关键所在。

知人就要学会为他人着想

要想知人，了解他人的智慧，就必须明白，换位思考是一种必需。换位思考在人际沟通中非常重要。由于无法正确地了解对方的立场、感受与想法，我们便无法正确地思考与回应。说白了，换位思考就是尝试着让自己去理解他人的想法与感受，站在他人的立场上去看问题，不管此人是朋友还是敌人，我们都要尝试着去了解他，这样才可以使自己在人际交往中游刃有余。否则，很容易让自己陷入人际关系的泥潭中无法自拔。

故事一：一头猪、一头奶牛与一只绵羊一起被牧人关在同一个圈栏中。有一天，牧人把猪从圈栏里捉了出去。猪大声而悲惨地奋力号叫着，并且强烈地反抗着。奶牛与绵羊听得越来越烦，于是就抱怨道："叫什么叫！我们经常被牧人捉走，但是都没有像你这样大呼小叫的！"猪听了之后回应道："那是当然，他捉我和捉你们完全是两个不同的概念。他捉你们，只是想得到你们的乳汁与毛，但是捉住我，却是在要我的命啊！"

故事二：一位少年对人生非常困惑，于是便去请教智者："请问，我该怎样才可以既让自己感觉到愉快，又可以带给他人愉快呢？"

智者看了看少年的脸，回说："我送你三句话。第一句是，把自己当成别人。"

少年问道："当我有了值得欣喜若狂的事情时，把自己当成别人，那么我的狂喜是不是也会变得平和一些？"

智者没有回应，而是接着说："我要说的第二句话是，把别人当成自己。"

少年点点头："这样我就可以真正地同情他人的不幸，理解他人的需要，而且在他人需要帮助的时候给予对方恰当的帮助。"

“第三句话是，把别人当成别人。”

少年笑了：“您是在提醒我，在进行换位思考的时候，也要充分地尊重每个人的独立性，在任何情况下都不可以侵犯他人的核心领地对吗？”

我们从上面两个故事中便可以看出，如果自己无法做到换位思考，便不会懂得他人的痛苦与烦恼，更不会获得他人的理解与支持。人对自己的认知过程是一个从自我本位向他人本位转移的过程，而实现这一过程的最需要的条件便是换位思考。换位思考的关键在于设身处地地为他人着想，否则成功的交际便是一句空话。

很多人都在不停地抱怨：“我的确在为他着想啊，我所做的一切都是为了他，可为什么他还是这么不通人情呢？”我们的确是在为他人着想，一旦事情的结果不如我们所想象或者期待中那般美好时，我们总是会感觉到委屈——付出了好心却没有得到好报。是别人真的不理解我们的好心吗？仔细分析之后我们便会发现，这种换位思考其实并非是真正的换位思考，而是一种利用本位主义来了解他人感受的方法。这种行为忽略了他人的真实感受，缺乏对他人应有的尊重，如此不尊重之下，何来“知人”之说？

换位思考，你拥有利人利己的人脉力量

人际交流本身就是一个互相交换意见的过程，但是，人们大多数都会有这样的惯性思维：在出现了问题之后，马上想要到外部去找原因，将自己的过错归罪于外，而不是从自身寻找原因，懂得考虑他人感受的人更是少之又少。或许这与人们自我保护的天性有关，可以肯定的是，这种做法绝对不是最佳的凝聚人脉力量的方法。

这种归罪式人际交往在现实生活中比比皆是。

在一家机械企业季度绩效考核会议上，业务经理说：“最近公司的业绩下跌，我们有不可推卸的责任。但是，我们也要看到，竞争对手一直在不断地推出新的、更好的产品。所以，我们业务部很难做，研发部

门应该再努力一些。”

研发部门经理说：“最近我们推出的新产品的确不佳，但是公司给我们的预算太少了，没有钱，怎么开发新产品？”

财务部门经理说：“不错，公司是将你们的预算进行了削减，但是，你们要看到，我们的成本一直在上升，如今，我们已经没有多少钱能够投在研发部门了。”

采购部门经理说：“我们的采购成本这个月上升了20%。可是，这是因为俄罗斯最著名的一个矿山爆炸了，这一事故直接导致了国内不锈钢价格的上升。”

这时，三位经理一起说：“原来是这样，这么说，我们都没有多少责任。”

人力资源经理此时发话了：“看来，我只能去考核俄罗斯的矿山了。”

互相推卸责任、不懂得站在他人的立场上思考，只会让沟通与交流陷入困境之中，令人际交往走入沼泽。换位思考的好处就在于：你能够看到他人的想法，可以感受到他人对你的直接期望，而这种“站在他人角度去考虑问题”的视角，会让你发现自己的想法与做法有什么差错。不过，换位思考需要用心才能做到。

想要在人脉经营的过程中做好换位思考其实很简单，只要用好以下三个小方法，顺利地交流与人脉的畅通便不成问题：

1. 尊重他人

人与人之间应该保持相互尊重，不管在人脉交往中，你所面对的是比你有权力的人，还是攀附你的人，你都应将对方放在与自己平等的位置上。在与他人交流时，先尊重他人说话的权利，让对方将话说完，真正地听懂他人的意思，再进行反馈。通过尊重，可以为自己的人脉资源建立起坚实的基础。

2. 学会协作

在人脉网络中，没有人是孤岛，我们每一个人都要与他人发生千丝万缕的联系。因此，作为一个高效的现代人，我们需要用协作的心态对待他人的人脉诉求，能够帮助的，拉一把；能力不能企及的，也应尽力为他人另想办法。通过这种与人协作，自我人脉才会不断地增加。

3. 学会服务他人

服务心态往往在人际交往中并不容易做到，我们习惯给自己的人脉预设立场：对尊者重、对无权者轻，但事实上，因为身在不同的行业从事着不同的工作，人的地位、名气往往会呈现出千差万别。一个人是否值得我们去用心交往，其职位高低、名气大小倒在其次，其品德、能力更加重要。当一个职位、名气并不高的人因为某件事情找到了你，期望从你这里获得帮助的时候，如果你能不过于功利，而是单纯地以服务的心态去对待他们，关心他们的需求，对他们的真实目的进行理解，然后通过有效地帮助，为他们提供建议，或是帮助他们解决问题，他们往往能够在事后感激你，而这样的人脉往往会在意想不到的时候帮助到你。

以上三个方法看似简单，但现实生活中做起来其实并不容易，人们大多习惯自满，又乐于逃避责任，喜欢事不关己，高高挂起，这种“思”与“做”脱节的现实导致了我们的换位思考多停留在意识阶段，付诸行动的少之又少。可是，一旦你将这种换位思考真正地做到了由“说”到“做”，你便会发现，人脉的塑造并不是一件难事。

营造人脉的成功秘密

美国一位著名的心理学家曾经说过：人与人之间交往的尴尬局面其实完全是可以避免的，而万能的法宝就是学会换位思考，经常站在对方的角度去想问题。不管是在人脉塑造期，还是在人脉维护期，这样的做法都会使我们减少误会、获得更多的认同。

5 制造有效激励，形成“捆绑式”事业组合

对于生活在现实世界中的人们来说，他们不但会有精神上的需求，而且也会有物质上的需要。生之为人，吃饭穿衣是最基本的生活需求，但是那些真正具备能力的人就不同了，他们既要吃得饱穿得暖，而且还会有更多物质上的追求。假如你想要营造对自己有利的人脉，但却只懂得用情感和精神去拉拢人，这可能会对少数人有用，但是对大部分人来说，不一定有效，因为有效激励是让更多人愿意与你交流的关键所在。

利益引导，使他人为我所用

俗话说：天下熙熙皆为利来，天下攘攘皆为利往。人生在世，利益对人才来说是最直接的吸引力，一个懂得用利益来拉拢人才的智者，才能在自己的人脉中聚拢到真正有利于自我发展的人才。在这方面，中国晚清名臣曾国藩的人脉塑造之法对于我们有着极强的借鉴意义。

曾国藩本身是个淡泊名利的人，因此他也希望湘军的将领们看淡利益，他认为汲汲名利者是成不了大事的。但是他心中也清楚，“凡是勇于做事的人，都是因为心中有大的欲望”。因此，用利益来驱动下属是必须要做的一件事情。就如曾国藩在他所作的《水师得胜歌》一诗中，最后两句话就是“仔细听我得胜歌，升官发财笑呵呵”。他在给弟弟曾国荃的家书中提到，对于带兵之人来说，都可能会中饱私囊，你想让他们一点钱都不拿是不可能的。

没错，湘军将领一方面高谈忠义，另一方面也不会忌讳谈名利。在咸丰八年的时候，曾国藩第二次出山时，李续宜就曾经有过劝言：对于名将，“非花费十万两白银才能请求他出来为你所用，出来之后，又必须每月花费一万两才足以够他使用”。所以，他给曾国藩的建议是：你

不要怕花钱，相反还要“轻视银钱”，这样就能以重金求人才。

在听取了好友之言后，曾国藩依次将“情感、利益、约束”作为了管理军队的三大必不可少的手段。驭人之道的深意尽在此六字中：唯有以情感人，才可以使军队产生强大的凝聚力，产生忠诚之心；唯有以利诱人，才可以创造出激情，使人奋勇前行；唯有以章法约束于人，才可以使纪律严于其中。而后来的湘军正是靠着曾国藩这样的教化，逐渐地形成了一支以“忠诚、激情、纪律”为核心品质的强悍队伍。在这其中，巨大的利益引导所起的作用是不可忽略的。由于曾国藩主张胜者得利，所以湘军将领都非常有钱，其中身家超过10万的大约有100多人。

在诱之以利方面，曾国藩不但会用丰厚的报酬来吸引将领，而且还非常重视对将领的保举。刚出来带兵的时候他保举的将领并不多。但他很快就发现，自己“不妄保举，不乱用钱”最后得到的回报是“人心不附”，导致人才都倒向了胡林翼幕府。最初曾国藩还以为是自己的才德难以服众，后来他才慢慢发现，其实关键是在于他对下属的保举过少，从而使自己的追随者感到升迁无望而离开。人才由于长期得不到出路，就极容易产生离心倾向。明白了这个道理之后，曾国藩也便开始效法胡林翼，一改之前的作风，大力保举人才。

据史料记载，曾国藩的幕僚有400多人，这当中有很大一部分都曾经得到过他的保举。因此，曾国藩手下的幕僚，就算不是有权势的实缺官员，也有候补、候选、记名之类的名堂。在这当中，有26人是督抚一级的大员，50人是三品以上的大员，至于道、府、州、县的官员就更多了。所以，若能进入曾国藩的幕府，就说明已经有了升迁的机会，于是很多人来投奔他。而曾国藩本人也从中得到了很大的好处，他和他的人才之间，是水涨船高的关系。下属得到了提升，他的影响自然也就更大了。因此，曾国藩曾经说过：凡是遇到利益问题，要注意分配；凡是遇到名声问题，要注意分享，这样才能成大事。

怎样才能使人才甘为你驱使？怎样才能在最大限度上让他人愿意靠近

你、愿意成为你的人脉资源？也许利益引导就是最有效的“手段”，曾国藩在运用这个手段上是非常成功的。这也带给了我们一定的启示：在人脉塑造的过程中，你需要学会对自己的人脉进行有效激励，与其形成“捆绑式”的事业组合，而这一点也是决定人才是否能为你所用的关键所在，如果这一点做不好，也就根本谈不上从人脉中获得长远的利益。

强强相遇，使用利益连接彼此

你的人脉中拥有与你实力相当的人并不一定是好事，因为你与他很可能是潜在的敌手，而不会进行深入的合作，比如“可口可乐”与“百事可乐”两大巨头之间，就绝不会想要将彼此纳入合作伙伴的范围之中。因此，如果你期望在自己的人脉中找到可以持续的朋友，并从对方那里获得合作的强大推力，就一定要找准建立合作关系的条件。通俗来说就是，你在利用对方的同时，也要让对方可以利用你。

在这种合作关系中，你需要注意以下两个问题：

1. 解决合作双方的主次问题

人脉中有些合作可以不分主次，比如，在同一个问题上，如果有借到彼此力量的地方，双方只需要解决不同方面的不同问题，然后根据问题的不同性质来进行利益的划分即可。但是很多时候，合作的双方都要去面对一个主次的问题，因为一方面我们需要确定谁是领导者、谁是服从者，从而避免在合作过程中，因为各执己见而使计划执行的问题无法解决；另一方面，我们也需要确定，谁才是这次合作中的主要力量，谁才是次要的力量，特别是在该次事件中，涉及了多方人脉的话，更需要进行如此的处理：这关系到合作成功之后的利益分成问题。所以，许多的合作都需要先分清主次，再谈论问题。

如果你是主，是领导者，那么，你便能够使用合作的规则对自己的主权进行维护、对所合作的事情进行引导；如果你是次，是服从者，那么你就应本着服从的原则来尽量维护彼此的利益。若你无法做到这些，你就不要去参与合作。

当下，我们所遇到的人脉合作问题中最现实的一个问题在于：有很多年轻人明明自己的资源不足或是能力不够，却偏偏不愿意当辅助者，更不愿意大的利益被他人拿走。这种心理往往会使自己在有意无意间与其他合作者形成对抗之势，从而导致合作的彻底失败。人脉之间的合伙公司之所以会如此不好经营，多半就是这个原因导致的，但事实上，这是一种极端错误的行为。因为一个能够长期维护人脉成功的人，多半既能做得了“主”，又往往能够做得了“辅”，在你没有能力做“主”的时候，你不妨让自己去放低姿态，去认真地当一位辅助者，因为所有能够在人脉中做“主”的人，都是由辅助者的身份过渡来的。

而且，不管是个人的发展还是企业的经营，在不断的发展与成长过程中，我们通常都需要寻找比自己强的人来合作，只有这样才能够获得进步。这种客观的事实就更需要我们去认清自己的“辅助角色”。“好风凭借力，送我上青云”，借的就是这种“主角”的力量，从无到有、以小孵大。

当然，若你是人脉合作过程中的主角，你也需要讲究原则，一般来说，你需要注意以下两点：不要居高临下或者强人所难；不要只是一相情愿地为所欲为。

2. 有效地运用“捆绑式”组合

在营销中，我们经常可以看到这样的现象：衣服可以与袜子一起混搭着卖，几种电器可以组合在一起进行促销等。采用这种方式进行促销，可以使那些质量稍差的产品借着优质的产品成功地销售出去，而几种产品的组合更是能够从整体上使总的营业额获得提升。

在进行事业型人脉的构建时，我们同样需要这样的组合式营销，而且它有一个专门的名词，即“捆绑式”事业组合。

我们已经知道，每一个人都拥有自己的生活圈子，从这一意义上来说，人与人之间的交往不单单是个人与个人的交往，更是圈子与圈子的交往，因此，在进行事业型人脉的构建时，我们不仅要关注与我们进行合作的本人，同时还需要关注到他背后的圈子力量：强者背后很可能有一个极大的团队，也有可能是一个极具有影响力的家族，而在这些团队与家族力量中，我们最需要关注的就是那些对自己来说最有价值的人脉。

利用人脉力量时，我们重点瞄准的就是这种“捆绑效应”，而反过来，我们同样要利用这种人脉中的“捆绑效应”帮助自己建立起事业型的人脉。

因此，当你想要与某个人展开合作的时候，你必须先对他所属的圈子风格、层次关系、关键性力量、核心人物与社会能量进行全面的审视，以看出他到底拥有多大的能量、能对你的个人发展起到怎样的帮助作用。在这一过程中，我们可以进一步地确定，对方是否值得我们去深入地合作，而另一方面，我们也可以找到与对方迅速地建立联系的最佳途径。

总之，利用好人脉关系中的“捆绑效应”直接决定了我们是否能够更好地、更有效地利用人脉关系，而我们也要注意这样的客观事实：某个人所在的圈子能量越大，与其进行组合所获得的效益就越高。

营造人脉的成功秘密

独木难成林，只有与其他的树木一起，才能让自己成为一片茂密森林中的一员。对于我们来说，特别是那些期望通过人脉来获得成功的人们来说，强强联合的生财方式，是让自己更靠近梦想的首选。

6 送炭与添花，哪一样也不落下

为人做事时，难免会有些时候遇到为他人雪中送炭、有时候则会被人拿去做锦上添花之事。两者相比之下，到底哪个对自己的人生更有益、更容易操作一些？事实上，真正的高手从来不会“二选一”，对他们而言，双管齐下往往能带来更大的收益。

雪中送炭，选对目标是首要因素

那些真正将雪中送炭送得恰到好处、将锦上添花添得更加富贵雍容者，往往是社会上的集大成者。晚清红顶商人胡雪岩便是此类人物。

当年胡雪岩的阜康钱庄刚开业，时任浙江藩司的麟桂便找上门，想要暂借两万两银子，但是平日里胡雪岩与麟桂并无来往。

原来麟桂即将调离浙江，此次借钱是为了填补财政上的空缺，而借完之后再还不知要等到什么时候了。麟桂四处求人，但谁知“人在情在，人走茶凉”，无人肯帮，无奈之下，才找到了几乎没什么交情的胡雪岩。

但胡雪岩很快以几乎不收利息的方式借给了麟桂。他有自己的打算：麟桂一向豪爽，借钱只是不愿意把财政“空缺”的把柄授之于人，以免影响到仕途发展。再者，麟桂调离后是升是降还不一定，若是升了，那么这场投资就太有价值了。

事实证明胡雪岩的决定是对的。虽然麟桂调离了浙江，赴江苏上任，但是他在出发之前，送给了阜康钱庄三个收益丰厚的礼物：让朝廷认可了“阜康”为公款来往的集中地；浙江本省所有的额外收入都交由“阜康”办理汇兑；江苏省与浙江省之间的公款往来，全部归由“阜康”经手。

胡雪岩的“送炭”使自己的钱庄日后再也不愁没有生意可做了，而且还将生意做到了省外。

如果你静下心来，对胡雪岩的“送炭”举动进行仔细的分析，便会发现，他的送炭之举实在是大有深意：

他虽然时有善举，却并非菩萨心肠，他的“炭”往往是在判断后期收益之后才决定到底是送还是不送的。

他在送的时候，会事先判断陷入雪中人的状况。商人以利为本，对于那些早已身陷雪中、再也无力自拔、更不可能东山再起之人，胡雪岩可能会帮助，却绝对不会如此大手笔地送上春天般的温暖。

由此，我们除了可以判定胡雪岩是近代以来少有的人事高手外，还可以从中看出“雪中送炭”的难度之大：一来，风险太大，有可能血本无归；二来，需要大智慧、大勇气，这种局面绝非一般人所能操控。

锦上添花，把握技巧是关键

其实，不仅“雪中送炭”之举极具难度，“锦上添花”也是一件需要高智商与高情商的事情。

在这一点，胡雪岩又另有巧妙之处可供读者进行鉴赏。

阜康钱庄的根基稳固之后，胡雪岩所要考虑的便是如何才能让自己的生意发展得更大。在对这些官员的家事进行“深入调研”之后，他实施了一个大胆的计划：免费为巡抚布政使司官员的太太小姐们开设户头。

胡雪岩专门设立了一项专用银款，并将这部分银两分成若干份，每份都有不小的数额，在分别开设了存折后，派人送给了当时巡抚布政使司的家眷们。

胡雪岩的这一举动深深打动了那些深居浅出的家眷们，在日后有了多余的银钱时，她们第一个想到的是就阜康钱庄。此外，这些官太太、官小姐们还将阜康钱庄介绍给了自己的亲戚、朋友，这种介绍自然使得阜康钱庄的客户越来越多。

而在外界看来，那些官太太、官小姐们经常出入阜康钱庄的举动无疑证明了一点：阜康钱庄是由抚台、藩台撑腰的，此后，再也没有人敢与阜康钱庄过不去了。

胡雪岩使用的这一招，可谓是一举三得的“添花之举”：壮大了自己的势力，成功地拉到了大量的客户，并赢得了官员家眷们的人情。

“雪中送炭”如果不成功，可能就是损失了一些银子而已，但是如果“锦上添花”添得不好、添错了地方，却有可能累及名声与前途。

那些早已功成名就的成功者身边早就有了许多阿谀奉承之人，所以，你向其献花，首先便会担上“拍马”之名。

再者，身边的竞争者太多引发的直接后果是，在你献上“花”之后，还没等到成功者看到，就已经淹没在众多花海之中了——你在亏了名声之后，还要亏上钱财。

最重要的一点是：送“花”的代价要比送“炭”的代价高出许多。现实世界里的红色玫瑰虽然花骨朵小，却比能发光发热的煤炭贵多了！送礼也是一样，在你看来，你花了大价钱，但是在你想巴结的人眼中，可能早已是司空见惯的。如此一来，你能获得回报的几率便低之又低了。

相比之下，锦上添花的技术含量便显得更高了。双向选择中，何种策略能令个人效用最大化？

回顾包括胡雪岩在内的很多成功者，他们所热衷的都是双管齐下政策：一边雪中送炭，一边锦上添花。这样的举措也让他们的成功占尽了优势：上有人拉，下有人扶。

若你非要在雪中送炭与锦上添花两者中，判断出孰重孰轻的话，我们也可以从以下两方面进行判断。

一是心理适应角度：

你可以在送炭之举中获得更大的幸福感与满足感，因为你帮助的人地位比你差，在对他的扶持与事后获得的感谢中，你获得了巨大的认同感。

但是在锦上添花中，你只能得到巨大的失落与无力感——你需要想尽办法去巴结一个比自己强的人，还要忍住内心的嫉妒，去表现出自己对他人成就的认可。这简直就是往自己的心头扎刀！

这就好比送钱：如果你将一百元送给一个亿万富翁，他可能不仅不会接受，还会认为你是精神病；但是如果你将这一百元送给一个几天没有吃饱饭的乞丐，他却会对你感恩戴德。

二是经济学效用角度：

从雪中送炭者的自身处境中看去，这样的炭送出去，很可能会血本无归。

原因很简单：稍微理性的人都知道，个人是否能获得发展，关键在于自身的内因，雪中送炭仅仅是作用微小的外因。无力自救，才会成为雪中人，送炭之举可能暂时改变他的处境，却无法从心底唤醒他的斗志。

相比之下，锦上添花便容易多了：添花不过是顺势而为、顺势而推之举。他的得意必是经历了前期的大量付出。

如果你在成功者"万事俱备，只欠东风"之时，成功地将"东风"献了上去，那么你所获得的效用要比"雪中送炭"大多了。付出一点点的贡献，便可以成人之美，锦上添花在人力成本最低的前提下，获得了最大的经济效应。

营造人脉的成功秘密

其实，不管是送炭还是添花，最讲究的是怎么送、怎么添，送给了谁，添在了何处，什么时候送、什么时候添，将送与添点在最恰当的穴位上，才是最要紧的。想干大事，你就必须懂得怎样让雪中的炭送得最值，怎样让添在锦上的花更出色。要建立起顺畅的人际关系，打造出最有利于自己发展的人气与氛围，这点奥秘不可不懂。

7 人脉金矿里，哪些人才值得你去提炼

一个人一生到底需要多少人脉才够？在日本人的眼中，250 个人是最好的数量；美国人认为，人脉越广、越多越好，而事实上，先求精、再求多，是最佳的人脉塑造方法。因为人脉关系中的"信任"多半是需要时间去酝酿的；你要去发展，要有时间长度，因为时间才是塑造一切的最终秘密，唯有时间够长，一段因缘际会的缘分，才有可能真正地转化为你的真正人脉。可是，你需要明确的另一点是：在这种信任关系的塑造过程中，哪些人才是最值得你去相信、去结识的人。

慧眼识英，找出那些有潜力成功的人

战国后期，吕不韦已是在经济最繁荣的中原一带最成功的商人之一，由于天生善于经商，并能够成功地捕捉各类市场信息，在进入商海几年以后，吕不韦便成为了当时数一数二的富贾。

有一日，他去赵国邯郸办事，在大街上看到一位表面落魄、但骨子里却处处散发着贵族气息的人。他打听了一下才知道，原来，此人便是秦国太子安国君的二公子嬴异人。在几年以前，赵国与秦国休战，按照当时的政治惯例，他被派到了赵国当人质。可是，半年以前，日益强大的秦国出兵对赵国进行攻打，赵国国君一发怒，便将一向养尊处优的嬴异人软禁了起来，只是偶然间让他出来放放风。

吕不韦拥有着极强的社交能力，他通过买通看守的方法，与嬴异人进行了交谈。也正是通过这几句并不长的交谈，使他发现，嬴异人并非一般纨绔子弟，虽然当时赵国取消了他的锦衣玉食待遇，可是他却依然在言谈之中保持着一国王子的气息，而且，言辞极有见识。当时，吕不韦并未声张，而是不断地运用自己的金钱力量，对身在困境中的嬴异人进行资助。

在接下来的深入交往中，吕不韦进一步地发现了嬴异人所具备的政治才能。为了实现自己成就一番大业的梦想，他决定栽培嬴异人。几年时间里，吕不韦帮助嬴异人一步步地在民众中间建立起了爱才、有德的名声，同时，使本为庶出之子的嬴异人投靠在了安国君的正室夫人——华阳夫人的名下,使其拥有了继承王位的资本。在嬴异人回到秦国以后，吕不韦又施展了自己的三寸不烂之舌加黄金攻势，使朝内大臣开始支持将嬴异人立为太子。

通过吕不韦的帮助，嬴异人一步步地由庶出之子变成了秦国名正言顺的太子。几年以后,嬴异人即位为王,吕不韦在秦国的地位只能用“一人之下、万人之上”来形容。这种王室的恩宠一直持续到了嬴异人去世、嬴异人登基，而吕不韦也被秦始皇嬴异人称为“仲父”。

毫无疑问的是，那种如同嬴异人一般，在困境中依然能够流露出才华、气质的人是你应去尽力相识、相助的，因为他们本身所拥有的能力注定了他们不会一辈子被埋没。

其实，若是细细数来的话，我们便会发现，一个人想要获得成功，有三条主要的途径：让自己为成功者工作；与成功者一起合作；让成功者为你工作。不管你想要通过哪一条途径成功，你都需要明白，成功者往往拥有他们自己的特质，这些特质是他们吸引他人、并最终借助他人力量成功的关键因素，同时也是所有期望通过人脉成功的人应该借鉴与使用的。

看到成功者的特质，用此类特质去塑造自己

既然人际交往本身就是一种相互间的利益互换，那么，成功者们也必然渴望“同类相交”，以获得“近朱者赤”的人际效果。

你可以对照一下自己，看看自己是否具有成功的特质。

1. 他们总是立即行动

想千遍不如做一遍，脚踏实地的人总是会拥有更多的机会，这些话或许你听起来会感觉非常的老套，但是，它们的确非常有道理。你不需要引发一场怎样的轰动，更不需要为自己进行大肆的宣传，而是可以现在就开始行动。因为有梦想的同时，良好的策略、出色的创意都是外因，只有你的勤奋与努力才是最直接的成功引燃器。

一旦你确定了自己的人生方向，你就应该坚持下去，即使前方拥有无数的荆棘。千万不要单纯地将自己的成功期望寄托在他人身上，不要一味地期待，你的人生中真的会出现一位大贵人，他会对你的天赋与才能进行发掘，同时资助你、提拔你，其实，这些都是一些毫无意义的期待，若你坚持这样做，你很可能会让自己的一生都处于停滞之中，因为只是等待，不会给你的人生带来任何的大行进。

所以，若你期望成为知名演员，便不要总是期望有导演来赏识你，而是要主动地去四处试镜；若你期望成为最出色的业务员，便别等待客户上门，而是应主动地去发掘客户，否则你的梦想便是空想。梦想只是行动的指南。富兰克林·罗斯福曾说："掌握并尝试一种方法只是一个基本的常识，若是你失败了，你就应敢于承认，然后去尝试其他的方法；总之，成功最重要的事情就是，去尝试！"所以，现在就开始行动，就开始尝试吧，只有开始了行动，你才能向着梦想更靠近一步。

2. 他们不会因为挫折或障碍而气馁

同一种东西，在普通人看来可能是一座高不可攀的山脉，但是，在有梦想的人眼中，它可能仅仅是一块大石头。不管是什么样的挫折，你都需要去勇敢地面对，虽然这个过程往往需要耗费大部分的时间与精力，但是在成功者的眼中，他们却会认为，这些障碍都是人生中自己必须要经历的一部分。

事实上，你应该将自己生活中出现的那些挫折与障碍视为更佳的机会跳板。你的人脉也往往会在这种时候发挥它的作用：朋友、合作伙伴会帮助你克服这些障碍。而这也正是我们在前面所提到的关键性关系的重要之处：你的人际网络中，正好有一个你可以在这种时候仰仗的人，他可以为你提供更具有创意性、更能够帮助你解决问题的方法。同时，他还会教你怎样去向自己的人脉求助，并会告诉你：向他人求助本身就是一种自然的事情，没有什么好害羞的。而当你意识到这一点之后，你的人生便会出现巨大的转变。

3. 他们有能力将失败与过错变成巨大的成功

失败并不可怕，可怕的是不懂得根据自己的失败去作出改变。在现实生活中，很多人都害怕犯错误，这种胆怯的心态令他们无法向前。换句话来说，他们甚至不会做任何的尝试。事实上，失败只是一件随时有可能发生在每一个人身上的普通事件而已，它只是人生中的一次经历，只是我们大部分人都不喜欢这种结局。但是，那些出色的人总是能够从失败中汲取教训，让自己再次站起。

4. 他们始终保持自律

美国著名的现代作家罗伊·加恩说："想要成就一番大事业、想要在新的层面上不断地提升自己，你便必须要做到自律。"这个世界上有两种人：

一种人过着他律的生活，他们需要他人的督促、监督才能去做事；而另一种人过着自律的生活，他们靠内心的强烈期望来让自己去行动，他们拥有自己的准则，他们不需要别人的监督就能够知道自己目前该做什么。成功者多半属于自律者。

从本质上来说，自律是你在被迫行动之前，有勇气去自动地做你必须要去做的事情；自律往往与你不愿去做、或者懒得去做、但是却又不得不去做的事情相联系。你不喜欢与人打交道，但是社会对成功者的基本要求就是要有交际能力；你不想努力，而努力是成功的必要因素——在没有外力影响或者外力尚未对自己形成影响的情况下，做到积极的自律，这正是成功者的最大特点。

5. 他们善于坚持到底

没有事情可以一蹴而就，人人梦想的成功更不会一夜之间就降临在你的身上。在生活中，最常出现的情景是，在梦想还未实现之前，大多数人已经放弃了。因为他们在向梦想冲刺的过程中遇到了逆境，一时的失败导致了他们的情绪焦虑不安。为了不再继续忍受这种痛苦的折磨，他们选择了放弃，并认为，自己的梦想根本就不值得花费如此多的努力。可这种想法真的是愚蠢到了极点：主动地实现梦想的过程本身就是一个充满了考验、失败、失误、挫折与新发现的过程，这就是为什么梦想如此美丽、如此诱人的最重要原因。因此，不管你想坚持什么，你都应坚持自己的梦想，因为它是激发你不断地追逐成功的最强动力。

营造人脉的成功秘密

成功者特质之所以如此重要，而你要用力去模仿它们、并要力求将它们变成自己的特点的原因就在于，物以类聚，人以群分。当你做到了这些时，你的周围便会聚焦一批同类的人，这些人与你志同道合，并会相互协调、相互配合，成为你人生发展、事业成功过程中不可或缺的力量。想要拥有优质的人脉吗？先让自己拥有这些优秀的品质吧！

你认识谁

第六章

情商和智商同样重要，双管齐下方可全胜

情商决定你的处世能力，智商决定你的处事能力，没有哪个人可以单凭其中一样而完全抛弃另一样就可以成功。情商与智商都是你人生竞技场必不可少的方面，如何对情商进行提升，如何最大限度地利用自己的智商，并以双管齐下的方式来赢得人生精彩，是每一个渴望成功的人都应该细心钻研的问题。

无法辉煌，往往是因为没有找准圈子

如果你想要购买一辆汽车，你会怎么做？如果你是一个足够谨慎的消费者，你必然会研究一些权威的汽车刊物，不断地去了解到底哪种汽车的品质最好、物超所值；你还会向你的专家朋友咨询；或者，你还会根据自己以往的经验来做参考。然后你会根据自己研究的结果，对已看中的车型进行对比。最后，与卖车人进行激烈的讨价还价，然后开走你的车。打造人脉时，你是否想过，其实人脉圈子与买车的目标一样：都是要找准了、细细参详了之后，才能进入，才能成功的。

找准圈子，才能获得成功

生活中有这样一种人：他们听从了专家的建议，力求让自己变成一位人脉丰富者。他们不断地收集各行各业的精英人士的联系方式，并力求让自己在每一个领域中都有熟人——身边的人或许因为他们丰富的人际关系而受益，但是，他们自己的事业却丝毫不见起色。其中最大的原因就在于，这些人根本没有找准自己想要进入的圈子。

1968 年，在耶鲁大学一间密室里，小布什重现了他父亲在 20 年前的举动：虔诚地亲吻了一只骷髅头。从此以后，他成为了美国精英圈子中的一分子，而身在这个圈子，使他在竞选总统期间，获得了该圈子中精英们的鼎力相助。

这种圈子理念其实在国内也同样存在。20 世纪初时，中国能够在零的基础上迅速地建立起现代军队，依靠的就是以“培养现代军官”为己任的黄埔军校所诞生的大批优秀军官。

近几十年来，中国金融投资领域中出现了越来越多的小圈子，而这些圈子中的优秀人才大多以母校为挑选、培养人才的基地。在投资界，“五道口”——中国人民银行研究生部的声名显赫，毕业生几乎遍及整个投资界。

上海重阳首席投资官李旭利就毕业于“五道口”，他所在的 1995 级硕士班如今是“五道口”中最典型的。这个班简直是中国证券市场基金经理的摇篮，曾经一度出过十几个基金经理，其中就包括了曾任南方基金研究部总监的史博、南方基金经理姜文涛、交通银行基金总经理莫泰山等投资界的名人。据说，在毕业以后，他们班只有极少数人没有成为基金经理。

一位投资行业的人士曾经说过这样一句貌似笑话的实话：最鼎盛的时候，“五道口”人手中管理着超过全中国一半以上的基金资产。而且，据统计，在最近几年中，因为学长学姐们的成功与支持，越来越多的“五道口”毕业生，开始以证券、基金公司为就业目标。

一位在 2008 年毕业的“五道口生”曾如此形容他的“道口生活”：“我们学校本身就不大，圈子也很小，大家低头不见抬头见，所以，同学与同学之间的联系也往往非常紧密，而这种紧密的联系，对于彼此的职业成长早已形成了潜在的影响。”在“五道口生”中，给师弟、学妹们介绍工作其实就是分内的事情，而在就职之后，给予相应的帮助更是应尽的本分与职责。

李旭利曾亲口承认,“五道口”对他的投资决策起着重要的作用:“在这个校友圈子里,你可以不说话,但如果说就绝对不能骗人。与其他关系和圈子相比,和‘五道口’的同学沟通时大家的防备心都是很低的,彼此之间更为信任,没有人会有意识地骗人。”这种随时性的、校友之间的信息共享,使得很多“五道口”人受惠。

其实圈子理念并不仅仅局限于学校,如果你有心的话,血缘、业缘、地缘、同僚、同乡等,都有精英圈子存在。而且,依靠圈子获得成功的那些案例也早已证明了圈子所具有的强大力量。因此,从现在开始,去寻找自己的圈子吧!如果你期望从政,那不妨从现在开始,多认识一些政界人士;如果你期望从商,多去参与一些商界精英的聚会吧;如果你期望认识一些与自己有着相同爱好的人,一些专业性的沙龙、俱乐部或许就是你最好的选择。找准了圈子,你才有机会去利用圈子的力量发展自己;找准了圈子,你才有利用圈子获得成功的可能性。

环境改变,圈子也要改变

圈子的意义就在于为你凝聚个人发展所需要的种种力量,你固然需要不断地找准自己的圈子,但是与此同时,你也要注意对自己的圈子进行审视:一个年薪20万元的人,与一个年薪200万元的人的圈子虽然有重叠之处,但必然也有不同之处。所以,若你发现自己身边的环境出现了改变时,你也需要作出恰当的调整。

克丽儿原来是一家大型公司的管理咨询师。她聪明伶俐、活泼开朗。很明显,她就是那种客户需要的人:她可以完整地说出客户委派任务每一步骤的成功情况;她还能够将所有的任务都分阶段、不给自己压力地从容完成。凭借着自己的努力,她很快晋升成了公司的主管。

可是,当克丽儿需要去运用自己的人脉进一步扩展与打通公司的发展渠道时,她却发现,自己所拥有的人脉多半集中于管理咨询方面,而她因为不懂得如何去发展人脉关系，以至于现在，自己根本就没有多少客户资源可以沟通。

当你发现，你生活中原本运转正常的东西开始不再发挥作用时，便证明，你需要重新对你的人脉圈子进行审视了。因为当你的目标、周围的环境发生了变化时，你的人脉圈子也必然会发生变化，维护老圈子固然重要，但是，总是一味地在新环境中追求与老圈子的会合已是一种徒劳。所以，你必须作出一些改变，以保证自己在新的环境中获得成功。

从评估到发展，再一次调整自己的圈子

为了达到在新环境中从容发展、获得再次成功，我们需要暂停一下自己的匆忙生活，对周围的环境进行重新评估，对未来所需要营造的人脉做一些适当的调整，在这个过程中评估自己的影响力无疑极为重要。

评估自己的影响力可以通过三种标准：你能读到的、你能听到的、你的关键性朋友。

你能读到的是指你近年来在阅读哪些东西。可能你并不是一个重视阅读的人，但是，阅读的确会让你在不需要经历的情况下，获得新的人生经验。如果你期望未来自己拥有更多的发展可能性，你便需要不断地阅读，因为你读得越多，你与他人交流的共同话题也就越多。而且，阅读的内容会帮助你甄选到更多的人脉：如果你近期读书的重点在商业上，那么，你便更有机会去交到商界的朋友。

你能听到的是指你所听到的信息，不管是在何处，对他人进行积极主动的倾听，都是个人学习、融入他人圈子的重要方法。

你的关键性朋友是指，你应重新对你的人际交往进行二次评估，并决定，谁才是以后能够与你一路同行的人。美国著名作家比尔·海伯斯曾经将朋友分为三种，而这三种不同的朋友分类，可以让你在找到属于自己的圈子的过程中受益匪浅。

● 无益的朋友：每一个人都至少有一位这样的熟人，他们只会耗损你的

能量，你每次见到他们都会叹息。他们就如同负面情绪的源头一样，一旦你接近他们，你就会有一些东西被剥夺。对于这些人，你可以尽量远离。

● 可以保持的朋友：这些朋友不会对你的情绪、生活造成影响，你对他们也不存在任何的个人期待，除了他们履行的职责。他们可能是你并不亲密的那些同事。这种关系中，你不可能与他们每一个人都成为好朋友，只要恰当地维持在合理的范围内即可。

● 应该发展的朋友：这些人会让人感受到真正的梦想与人生力量，他们不断地为你提供创新的事物，并让你看到人生、事业上新的发展可能性，你乐意与他们见面，他们的出现让你感觉到兴奋，他们的言语也总是会让正为难题困惑的你豁然开朗。这些人是你应该持续发展下去的，更是你应该尽力去保留的。

你应该放弃那种“我有很多朋友”的看法，因为真正对你的职业、梦想、人生产生巨大帮助的或许只有几个人，其他的都属于可放弃、可保持一类的朋友。那些对你的未来有重要帮助的，你当然应该重点交往。

营造人脉的成功秘密

现实生活中，每个人都能是几个群体的连接点，但是，这些圈子是否对你的人生起到促进作用，关键还在于你如何根据自己的发展，不断地去调整与他人的交往。当你学会了根据自己目前的发展情况，不断地评估、调整自我圈子的时候，你的圈子才能真正地发挥作用，你才能有真正地获得成功的最大可能性。

2 别把你不想要的强加给别人

早在2500年前，中国儒学大家孔子便说出了这样一句颇有意味的话：“己所不欲，勿施于人。”一句话将人际交往中的基本原则道尽：用自己的心去推及他人，自己希望怎样去生活，就要想到别人也希望怎样去生活；自己不愿意他人如何对待自己，自己就要首先记住不能这样对待他人；自己希望可以在社会上站得住脚，可以通达无比，也就可以帮助他人站得住脚。总之，从自己的内心出发，去推及他人，去理解他人、去对待他人，做到推己及人，方能做到处处得人。

在自己自由的同时，也让他人拥有真正的自由

有哲学家曾经指出，自由分为两种：积极自由，即自由地做自己想做的事；消极自由，让自己免于做什么。而后一种自由往往比前者更为重要。将自己看重的价值给予他人，很可能会引起在“为他人造福”的名义之下实施对他人自由的剥夺。“己所欲，施于人”往往包含着“强加于人”的意义。相对来说，“己所不欲，勿施于人”更接近自由的真谛，但是在处理人际关系时，相对于其他要求来说也更难以做到。

以前，某个非洲国家虽然黑人占大多数，但他们的执政政府却是白人控制。为了维持所谓的白人权利，纯正自己的肤色，白人领袖规定：不允许黑人进入白人专用的各种公共场所。有了这样的规定之后，当地的白人更加看不起黑人了，他们不愿意与黑人来往，认为他们是世界上最低微最下贱的种族，唯恐避之不及。

一天，一个美丽的长发白种女子来到了沙滩上进行日光浴。由于旅途过度疲劳，她没有涂抹防晒霜就睡着了。当她醒过来的时候，太阳早已经下山了。

此时，她感觉到肚子非常饿，于是便走进沙滩附近的一家餐馆里。

推门而入的她没有受到任何人的欢迎，虽然有些奇怪，但是她还是选了一张靠近窗子的椅子坐了下来。坐了大约15分钟之后，依然没有侍者前来招待她。她看到那些服务生们都在不停地围着比自己晚来好久的客人们，对自己的要求不屑一顾时，她顿时变得满腔怒气，并直起

身来，想走上前去责问那些招待员为什么要这样对待自己。

当她站起身来、正想走向前方时，眼前却出现了一面大镜子。这个白人女孩看着镜子中的自己，眼泪不由得夺眶而出：镜子中的自己已经被太阳晒黑了。此时的她才明白，那些被社会所歧视、所遗弃的黑人的真实感受。

每个人都希望自己生活在一个公平、公正的生活环境中，拥有自己想要的生活，过着自己希望过的日子，受到他人的尊重，不必为受到他人的轻视而伤心。但很明显，上面故事中的这个国家已经违背了这样的原则，而当白人感受到身为黑人的痛苦之后，他们还可以更加坦然自如地享受自己肤色所带来的便利吗？

当我们将自己的想法强加给他人、而自己还以为是在为他人考虑时，往往已经为他人的思想与生活蒙上了一层厚厚的阴影。所以，在为他人提出建议或者强迫他人做某事之前，最好先反问一下自己：如果我来做这样的事，如果他人命令我这样做的话，我会高兴地接受吗？如果你的回答是否定的，就请你保留着自己的想法与提议，因为在这种时候，保留远比说出更能吸引好人气。

学会尊重他人的想法

人生如同一个大型的磁场，它将每一个人都变成了一块磁铁，吸引着思想相近、志同道合的人来与自己进行交流，并排斥着其他不同类的。你有权利采用非公正的态度来对待他人，但是你这种非公正的态度，最终会让你自食其果。而且，很有可能你所释放出来的每一种思想与后果，都会反到自己的身上。因为你对其他人的所有行为，以及你对他人思想的影响，都是经由自我暗示而全部以影像的回忆记录于你的潜意识中，这些行为与思想会逐渐地修改你的个性。而你的这种个性就如同一个巨大的磁场，会使你的人际交往圈子受到这种个性的影响。

罗斯福年轻时曾经担任过海军助理部长。当时，一位好朋友来看望他。在谈话间，朋友提起了从别人那里听到的海军在加勒比海某岛建立基地的事。

这位朋友坚持问道："我只需要你告诉我，我所听到的有关这个基地的传闻是否确有其事。"

这位朋友打听的事情在当时属于国家机密，根本不可能公开。但是既然好朋友相求，如何拒绝才可以使自己既坚持原则、又不损伤友谊呢？

只见罗斯福向四周望了望，然后压低嗓子向朋友问道："你可以保证对不准外传的事情进行保密吗？"

"当然能！当然能！"好友急切地回答道。

"那么，"罗斯福微笑着说："我也能。"

在日常生活中，我们处在一个纷繁复杂的社会中，许多人往往会被强烈的物欲、物质的奢华蒙蔽双眼，与此同时，他们的内心已被污秽的私欲所充斥。在抱怨、痛恨他人为自己带来困扰与痛苦的同时，却在无形中狠心地把这种苦楚"一点不留"地强加于别人身上。

在人与人不断相处的过程中，由于双方的观念、利益、个性的不同，不可避免地会发生一些冲突。

应对这些冲突的最好方法就是站在别人的角度与立场上去想问题，不要将自己不想要的东西、自己不愿意承受的事情、自己还未认同的想法与观念，强加于别人。

营造人脉的成功秘密

想要为自己塑造起成功的人脉，个人是否拥有容人之量极为重要。一味地将自己不想要的东西强加给他人，不但会破坏与他人的关系，而且还会破坏自己在人际关系中的形象，从而让事情一发不可收拾。因此，人与人之间的交往应坚持"己所不欲，勿施于人"的原则，它是尊重他人、平等待人的具体体现，更是你树立形象、赢得他人认同与支持的关键。

3 提升亲和力，做可爱的有能力者

想要让别人听你说话、愿意与你交往，你首先要让别人喜欢你：人们总是会对他们喜欢的人表示出绝对的信任。好的人脉营造者总是能够利用“亲和力”来拉近自己与他人的距离。当然，这种亲和力来自于你是否有能力去制造出融洽的感觉。

人气来源于强大的亲和力

营造人脉的根本目的在于，使我们不断地拉近与他人之间的距离，再利用一个个的人脉结点，去不断地促进更多的人成为自己的人脉资源，同时，在不断积累自我人脉资源的基础上，构建出丰厚的人脉网络。在拉近彼此距离的这方面，仅仅是让自己拥有足够的可利用价值并不足以吸引他人，现代社会中处处藏龙卧虎，我们还需要体现出自己与众不同的个人魅力，亲和力无疑是这种独特的个人魅力。

永远将微笑挂在脸上，永远不说别人的坏话，永远不发脾气。这样的人往往会让别人感觉特别有亲和力。但是亲和力并非是天生的，它源自于个人内心对所有事物的热爱、对他人的尊重。

英国著名女政治家玛格丽特•撒切尔夫人便是这样一个人。

在大选来临之前，撒切尔夫人所在的保守党正面临着一个难题——如何才能遏制保守党人气不断下滑的颓废之势。而撒切尔夫人给出的解决办法很简单：走出去，到选民中间去。她说：“只要这样做，我们就最终会获得胜利。”事实证明，她的方法是最有效的。

保守党的很多工作人员都认为，虽然撒切尔夫人在政治上强而有力，但是她在平民中却非常受欢迎，这源于她本身所拥有的亲民性：在参与竞选的过程中，她总是在大街上东奔西跑、走家串户，一会儿在这家商店里坐一会儿，与房东进行交谈；一会儿又与他人握握手，或者向那些在街头散步的人们问长问短；一会儿又跑到商店里面仔细地询问商品的价格。在大部分的时间里，她都是带着自己的秘书黛安娜跑来跑去。

午饭时，她会到小酒店里面，与新闻发言人罗伊·兰斯顿和其他的选举委员会成员一起喝喝啤酒。然后，她又会跑去与更多的人交谈，参与集会演说，接见更多对英国政治有意见的人。就这样，撒切尔夫人最终以自己身体力行的行为，赢得了越来越多的拥护者，为自己的竞选成功与保守党的执政打下了坚实的群众基础。

撒切尔夫人在政坛的强硬态度早已为各国政要所领教，在他们眼中，她是最难缠的对手，但是，在选民面前，她却表现出了出色的亲和力，因为这是她继续在政坛保持强硬的关键。亲和力其实是人际关系能力甚至是个人能力的综合体现，它一方面表现为主动地对人际交往进行控制，另一方面则表现为个人行为被他人所认可。

所有亲和力强的人都具有与人为善的心态，他们不会在主观上将人进行角色设定，而是从善的角度出发，认为所有的一切都是美好的。在这种人的感染之下，交往对象往往会采用相同的态度，让自己感觉到愉快与满意。

提升亲和力刻不容缓

或许你的身边就有这样的人：他们拥有极高的个人素质与知识水平，但是他们在与人交往时，却往往表现出死板、僵硬，甚至是高傲的态度，他们习惯以刚硬、唯我独尊的态度说话，并如同时时生活在谈判桌前一样，总是咄咄逼人。这样的人总是会令他人望而却步，而他们的人际交往也往往会失败。

其实，通常情况下，拥有亲和力的人往往表现出两个特点：无害和有益。无害是指，他们没有太强的攻击性；有益是指，能够给人带来实际的利益或者心理上的舒适感。也就是说，这样的人要拥有一些切实的优点，但是他们又并不是完美无缺的，因为完美的人会令他人产生距离感，使自我亲和力下降。

在1964年，土光敏夫以68岁高龄出任了日本东芝集团的董事长。上任之后，这位老人经常不带任何人，独自一人对集团位于日本各地的30多家分厂进行巡视。身为一家公司中的董事长，亲自步行到工厂已是惊人之举了，但更令人惊叹的是，他常常会随身携带一瓶一升的日本清酒去一线工作岗位慰劳员工，与他们一起共饮。这让那些早已见惯了高高在上的管理者的普通员工们大吃一惊，他们甚至有些不知所措。要知道，一升的清酒可是不轻的，一位位高权重的老人却愿意做出这样的举动，这无疑会让员工们感动不已。

对于自己的举动，土光敏夫有着自己解释："我非常喜欢与自己的职工交往，不管他是哪一种人，我都愿意与他交谈，因为我总是可以从他们的话语中听到许多创造性的语言，并获得巨大的收益。"的确，他通过对基层员工的深入调查，不仅获得了极为宝贵的第一手资料，同时也弄清楚了企业亏损的主要原因，并获得了许多有价值的建设性建议，更重要的是，他赢得了员工们的好感与信任：他的平易近人使员工们与他建立起了深厚的感情，工人们称赞他为"捏着酒瓶子的大老板"。

《哈佛商业评论》曾经刊登过一篇这样的文章：《能干的混蛋，可爱的傻瓜和社交网络的架构》，该文分析人们怎样去选择工作伙伴，结果显示，人们在办公室中选择搭档的主要依据有两条：一是工作能力，二是亲和力。而后者明显更加重要：人们宁愿与讨人喜欢的傻瓜一起工作，也不愿与有本事的讨厌鬼共事。心理学家强调说："在有问题时，人们总是喜欢找他们感觉亲近的人帮忙，即使这个人的水平并不高。"由此看来，亲和力的确是个人成功中的重要因素。

提升亲和力，你有方法可以参考

生活中，没有人愿意去做一个惹人讨厌的人，但是有些人虽然知道自己的缺陷在哪里，却不知道如何去改变。而且从性格成长、环境影响等各种现实的角度来说，并不是每一个人都拥有极强的亲和力。不过，亲和力并非那种无法复制的天赋，它完全可以通过有意识的后天培养塑造出来。而且，想要成为一个出色的交际者，你不需要让每一个人都感觉你拥有亲和力，而只需要让那些值得亲近的人感觉到即可。

“亲和力”并不意味着你必须保持着满满的自信、时时欢乐开怀。让我们具备“亲和力”的因素往往因人而异，因为“亲和力”的标准多半存在于旁观者的意识中。不过，对于我们来说，提升亲和力有一些基本的因素可以参考：

● 爱自己，做自己。

没有人喜欢伪装的人，你应该寻找自己性格中的美好面，并在生活中不断地发掘自己的优点，努力地爱上自己、努力地去提升自己，并尝试进行积极的自我对话，从而获得真实而高效的动力。

● 在你的行动中散发出能量。

你在人际交往中付出多少，你便能收获多少，你的个人行为决定了你是在鼓舞他人，还是在让他人泄气。就算是在困难之中，你也应努力让自己散发出真实而可爱的能量，它可以为你吸引更多的人气。

● 保持一定的好奇心。

你应展示自己对他人生活、观点与工作的真实兴趣，换句话来说，对他人进行关切的询问是展开一段积极谈话的最好方式。保持你的好奇心，可以让你更具有亲和力，让自己的问题迎合他人想说的话，而不是问一些强人所难的问题，这是让好奇心正确发挥的关键。

● 让倾听成为理解的渠道。

如果你期望别人喜欢你、理解你，你便必须要让自己先真正地去倾听他人，理解对方想要说什么。不要忘记，良好地倾听不仅仅需要用到耳朵，还需要用到眼睛与其他的肢体语言。

● 让别人看到你与他的相似之处。

人们喜欢与他们相似的人，所以，在与他人交流时，你应尽量寻找相同的地方，一些共同的兴趣爱好、背景、经历与信仰，可以帮助你更快地与他人建立起良好的关系。

● 为他人留下积极的印象。

与你说了什么相比，人们更容易记住你给他们带来的是怎样的感觉。如果你让他人感受到了威胁，或是表现得过于笨拙、木讷，或是在其他的方面让人感觉不舒服的话，那么，你便很难让对方认为你是有亲和力的人。

● 不要急功近利。

我们已经无数次地强调了人脉中不急功利的重要性，我们需要再强调一次：耐心是你建立起亲和力的关键，你应学会去尽量不计回报地帮助他人，包括分享资源、助人于危难等。有亲和力的人不会要求每一次的互动都取得效果，你应该尽量开放地看待每一次可以改善形象的机会，而不应关注它是否能立即见效。

另外，目中无人、孤芳自赏是最破坏亲和力的因素，你应尽力避免。

营造人脉的成功秘密

在能力早已成为人脉深度拓展基本配备的时代里，亲和力要远比你的能力更重要，所以，除非你现在已经拥有了过人的财富与地位，否则，你还应关注并努力地去提高自己的亲和力。因为在能力相当的情况下，人们更愿意与自己感觉亲近的人打交道。

4 细察人心，有些人你不得不防

建立人脉并不是一件一蹴而就的简单的事情，在社会上求生存、求发展，便必须要准备好与各种各样的人打交道。在进行人际交往的过程中，有些人与事你若不提防，轻则会使自己遭受经济损失，重则导致自己的人脉网络就此崩溃。看清哪些人需要提防，你才能够让自己的人脉保持安全；学会防人，你才能让自己拥有更大的安全空间。

远离“墙头草”，保持安全范围

墙头草因为生在墙头，再加上身形弱小，所以容易随风飘摇。社会上的“墙头草”往往极多，他们是时势的预报者，眼观六路，耳听八方，何时晴转多云，哪里会有狂风暴雨，总能先知先觉。若是发现势头不妙或难判谁方得势，则两头不得罪，暗向双方飞抛媚眼，邀宠讨好。他们一生做风向标，哪边风硬哪边倒，这便是“墙头草”的典型特点。而这种人多半会在你身处危难之时伸手将你推向悬崖，而不是将你拉出危难。

十月革命前的贝利亚既是临时政府的密探，同时也是“挺身而出”的革命者。当时，第一次世界大战正在进行，美国加入了欧洲战事，宣布支持俄国。

贝利亚认为这是个好时机，想成为一名同美国人并肩作战的俄国士兵，要是能当上志愿兵就更好了。如果战争结束后仍由克伦斯基内阁执政，那么军队中的志愿兵会非常得宠，因为他们是为祖国而战的“爱国者”。

贝利亚颇有心机地向基层布尔什维克提出去前线向沙皇军队士兵进行共产主义宣传的请求，说自己乐于为党的事业而牺牲自己的学业。

基层领导颇为感动。这个提议很快得到阿塞拜疆布尔什维克领导人米高扬的批准，并接见了他。这样，贝利亚被编入俄军水利工程部队，从巴库开赴罗马尼亚前线。

然而，贝利亚并没有在沙皇士兵中宣传共产主义的思想，他要做的只是个志愿兵而已。因为只要临时政府合法存在，他就能够成为一个热诚的爱国者和英雄，而一旦临时政府倒台，他也会因搞颠覆活动而成为布尔什维克革命的先驱者。

1952 年出版的《苏联大百科全书》是这样描述贝利亚这一经历的：

“他在罗马尼亚战线的军队里进行了大量的牵制性活动。”

贝利亚真的做到了密探与革命者的合一，左手积极地为光明正大的共产主义事业奋斗，右手时刻准备着抹布擦干左手。

“墙头草”为了自己的立场不断变换角色，掩盖着过去，当现实来到面前，就会显露出人性中丑陋的一面。在建立自我人际关系网时，若遭遇了这种人，自然应该保持恰当的距离。

“墙头草”虽然可恶，但也有其可原谅之处：攀龙附凤乃是人性中趋利避害的本能所造成的，“墙头草”实力弱小，自然要随风飞舞。在发现了这样的人之后，我们除了要保持警惕以外，还应反思自己的能力——墙头草是最好的实力证明：对方的离开，恰恰证明了你的实力还不是那么强。

看清人性，与恶人保持距离

世上有恶人，以下几种人纯粹地证明了人性之恶。在面对这几种人时，除了提防以外，我们能做的实在有限。

1. 奴性十足者

奴性十足者往往具有多种能力：他们善于阿谀奉承与察言观色，更能随着强者的脸色变化，判断何时出手、怎样出手，这种人最擅长的就是随机应变，见风使舵。他们总是能够准确地找到人脉中最强大的那部分人，并时时根据对方的爱好去调整自己的行事准则。奴性十足者的字典里绝对没有“诚信”二字，因为他们眼中所看中的只有权力，对方能够带给自己多少的切身利益才是他们最重视的。

2. 小人

世界上充满了太多的诱惑，正是因为这些诱惑，人与人之间才会有过多的利益追逐。在满足自我欲望的过程中，每一个人的真实人性都会获得正确的鉴别：高尚还是卑鄙，君子还是小人，在利益的面前，一切都会原形毕露，而小人正是那种时时处处只为自己做打算的人。

欲望面前，小人甘愿充当追逐者，道德在他们的人生中完全是一种包袱。

没有了道德的约束，人性中的丑恶被他们暴露得淋漓尽致。各种面目、手段瞬息万变，令他人怎么也琢磨不透下一次他们要怎样出招。

小人做事从来不会按正道走，而是习惯以卑鄙的手段来达到自己的目的：他们喜欢造谣生事与挑拨离间，在他人不和时他们正好从中获利；他们喜欢拍马奉承，同时也喜欢踩着失败者的骨与血前进；他们利用他人作炮灰给自己开路，但是却从来不在乎他人的牺牲；他们善于找替罪羊，当自己犯下过错时，他们会指出，是别人的原因造成了自己的过错。

在小人面前，你做得再多，也无法改变他们黑暗的内心：因为缺失了道德的天平而改以自我利益为基本衡量标准。所以，他们的行为总是以自我为出发点，一旦你背离、损害了他们的利益，他们自然会离你而去。

3. 伪君子

人有君子、小人和伪君子之分。君子可交，小人可敌，而唯独伪君子不易辨识。因为他们常常以朋友的身份出现，平日里和你吃喝玩乐，一副好兄弟的模样，还拍着胸脯保证：有难同当！但他们多半会在你遇到困难时抛弃你。在你摆脱困境时，他们又会再次蜂拥而至，为你送来“真诚的”祝福，可能还会埋怨几句：有困难怎么不找老朋友我？这时，就是你揭开他们伪善面具的最好时机。

这些就是伪君子的最大特征：在他们的道德字典里，一切高尚的人格都姓“说”不姓“做”。伪君子是那些大部分冲在领头位置的道德呐喊者，除了呐喊还是呐喊。他们编织一张无与伦比的人性优点之网，挂起羊头卖狗肉，口头的承诺却总是苍白而无力。但是，人脉网络中最忌讳的就是“只说不做”：话说得再好听、戏唱得再动人、计划再完善、目标再宏大，如若没有实际的行动，一切的一切都会变得毫无意义。

4. 善妒忌者

著名作家塞万提斯说过：“嫉妒真是万恶的根源，美德的蠹贼！一切罪恶都掺杂着莫名其妙的快乐，可是嫉妒只会包含厌恨和怨毒。”嫉妒身后掩藏的往往是丑陋、自私的灵魂。

嫉妒心强的人不能忍受别人比自己强，自己是绿叶，别人绝不能当红花。自私自大的性格决定了他们的世界里只能容下他们自己。若有别人比自己强的话，他们就会感觉自己成了别人的绿叶，这是他们万万不能接受的，于是他们就会烦躁不安、心神不宁，连日子都过不下去。

嫉妒心强的人总是习惯站在比别人低一级的位置上仰视周围的人，他们自认为矮人一截，内心极其敏感，膨胀的自卑感中夹杂着脆弱的自尊心。他人的言行就如同一阵微风，你若是一个强者，就会像一棵大树一样，即使微风拂过，对你没什么影响；而嫉妒者就像是一株小草，微风拂过，也能让他们前俯后仰，方寸大乱。和这种人生活在一起，会有一种防不胜防的感觉，因为你不清楚你的行为是否触及他们的敏感地带，也不知道他们会选择何种方式攻击你。

若你身边有这样的人，那你必须要时时保持警惕。

营造人脉的成功秘密

扩展人脉固然重要，但是人脉的生成有时候往往不受个人的控制。当你的人脉圈扩展到一定程度时，你的实力也会增强，自然会有一些长久交往的你来不及细细识别的人混进来。这种情况下，从对方的一些基本行为与过往的交友经历来判断此人是否可交，是否是你应该提防的人，就是保障自我人脉安全的最重要方法。

5 消除隔阂，从识人开始避免人际伤害

人际交往是每个人生存发展的需要，也是个人社会化的起点和必经之路。我们在这个世界上生存就免不了要与各种各样的人发生人际关系，然而，面对形形色色的人，我们如何在交往中做到轻松愉悦，不受伤害呢？这就需

要我们在人际交往中全面了解交往对象，做到知人知面知人心。

知人者智，学会识人方能知心

与人交往要有知人之智，知人者才能获得真诚的友谊，知人者才能在人生的道路上越走越好。在我们的社会生活中，除了血缘关系，人际交往都是建立在彼此了解、相互信任的基础之上的。只有相互了解得越深，才能交往得越深。对于生活中至死不渝的朋友关系和事业上亲密合作的伙伴关系，无不建立在对交往对象的了解和信任上。所以，知人对于我们获得更好的发展有很大的影响。

然而，知人却是一件非常不容易的事，它需要我们掌握一定的方法，才能把握好交往的真谛。

我们先来看一则关于企业如何选择合适人才的故事吧！

我们都知道是山西商人首创了中国的票号，山西人最大的特点是善于经商，善于理财，他们开了很多很多的大票号和大商行。然而，对于从事金融业的单位来说，选择踏实忠诚的员工非常重要，如果用人不当，便会面临破产的危机。

不过，山西商人非常聪明，他们考查一个人有一套行之有效的方法。就是通过“远”、“近”、“易”、“烦”、“危”、“卒”、“杂”等，作为考察和认识一个人的切入点。

通过“远”、“近”，可以考察一个人在远距离、近距离的表现。如果他只身一人在外地办事，看他能否做到忠诚；如果他在你身边做事，看他能否做到态度庄重。“易”、“烦”是考察一个人做容易和烦琐的事情时，能否做到认真细致，不慌不忙。“危”、“卒”是考察一个人面对危险的事情或突然发生的意外事情时，是否可以聪明妥当地处理。“杂”则是考察他对于很多纷杂的事情处理的态度如何，等等。山西商人考察用人的方法虽然只有简单的几个字而已，但足以令人感叹到认人的到位。

知人善任，对于一个企业来说非常重要，如果不能全面地了解一个人，将会把企业的前景埋没。对于山西商人来说，如果摒弃用人的方法，只注重人的外表，而不去认识一个人的内心品质，是难以让金融事业得到很好发展的。

在与人交往前先了解一个人，不仅对于一个企业的发展很重要，对于我们每个人的交际也很重要，尤其是在当代互联网发达的时代，网上交朋友变得非常普遍，致使一些悲剧时有发生。这往往是由于在朋友前没有做到对交往对象的深度了解而造成的。因此，也奉劝更多的朋友在人际交往前一定要做到知人，只有知人才会让我们少受骗，也只有知人才会让我们交到更真诚的朋友。

最快识人法——以友识人

俗语说："观友识其人。"我们在日常与人的相处中，可以通过这个人周围朋友的品行来判断这个人是怎样的人。如果这个人交往的人都是坦荡的君子，是一些品行好、有素养、有度量的贤人，那么这样的人很可能也是坦荡之人；如果与这个人整天来往的都是一些酒肉朋友、奸佞小人，那么这个人也很可能是品行不佳、为人狡诈之辈。一个人的交友圈往往折射出这个人的品行、道德和思想。

想一想，从小到大，你一般都会和什么样的人交往，你的知心朋友有哪些？你的朋友圈子都是些什么样的人？他们给你带来怎样的影响？社会心理学的研究表明，人们喜欢和与自己相似的人交往，这种相似包括家庭背景、成长经历、兴趣爱好、性格习惯等各方面的相似，甚至包括名字、容貌特征。这可能是因为，和与自己类似的人在一起，会有一种似曾相识的感觉，大家比较有共同的话题，相处起来也比较容易。两个人在一起时间久了，各种生活习惯会更加接近，彼此的相似性也更加明显。

《富爸爸穷爸爸》的作者罗伯特·清崎有一次在上一节理财课时，要求每个人写下10位和自己最亲近的朋友，大家感到很奇怪：这并不是理财课的内容啊？当时，罗伯特虽然没有当场给出解释，却要大家写下这10个人的财务状况，并将自己所知道的一切详细的细节写下来，包括：他们有多少存款、多少房子、多少车子、每个月收入多少、有多少负债……再写下他们跟你聊天时谈到他们对金钱的看法，总之，尽你所能地写下你身边和你最亲近的10个人的财务状况。

接下来，在场来自5个国家的300多位学员开始认真地写作业了，罗伯特·清崎每隔5～10分钟就要大家再多写一点。就这样写了将近1个小时，终于把这10位亲近之人的财务状况写完了。罗伯特·清崎问："现在各位知道为什么了吧？"大家搞不懂他所指的意思，互相转头看了一看，罗伯特接着说："你是否发现你和你所写的人财务状况差不多呢？"

大家这才猛然觉醒，果真如此：资产100万元的人，他的朋友们大约也是100万元左右；有一间房子的人，他的朋友们也大多有一间房子；而使用信用卡有循环利息的人，他的朋友们几乎都处于负债的边缘或负债状态。

接着，罗伯特要大家分组就刚刚写出的内容加以讨论。罗伯特所要传的达第一个观念就是中国的一句格言："物以类聚，人以群分。"

医生的朋友，通常也都是医生；司机的朋友，通常也都是司机；亿万富翁的朋友通常都是亿万富翁；当老板的人，他们的朋友通常也是老板。人跟人之间会互相影响，尤其是言语和思想的传染力是极为惊人的。你为什么会抽烟？因为你的朋友拿烟给你抽。你为什么爱打牌？因为你的朋友常常找你去打牌。你为什么买奔驰车？因为你公司的主管或同事买奔驰车。你为什么会去读大学？因为你的兄弟姐妹或朋友读大学。你为什么渴望有百万或千万的年薪？因为你看到身边有人跟你做同一份工作，却有如此耀眼的成绩。

人们都喜欢找和自己相似的人做朋友，在某个生活圈子待久了，接触的人往往也都是这个圈子的人，大家的职业、兴趣、家庭往往都比较接近。因此，当我们想要了解一个人的时候，我们可以通过他的生活圈子和关系网来对他有个间接的认识。一个人的交际圈对一个人会产生潜移默化的影响。一个原本不具备这个圈子里特征的人，时间长了耳濡目染，也会逐渐成为和这个圈子类似的人。既然朋友圈对一个人有着长远的影响，那么一个人若想成为一个成功的人，就要努力靠近那些成功人士，从他们身上学习奋斗经验。如果想成为一名成功的商人，就要多和那些生意做得好的人打交道，如果想成为一名哲学家，就多和那些学者、思想家谈经论道……从现在开始，和那些自己想要成为的人多接触、多交流，那么你就离他们不远了。

营造人脉的成功秘密

识人的重要性就在于，它可以让我们在各种人际交往的场合随机应变，左右逢源。如何去看人、识人有多种方法，如从性格、心理与个人行为入手，以友识人只是其中最直接、最简单的方法，但是也往往最有效。在自己的生活中运用好这一技巧，我们便能在最大程度上让自己规避伤害。

6 用沟通当翅膀，让人脉腾飞

在日常生活与工作中，你是否总是会产生一种孤寂、渺小、自卑与困惑的感觉？这种感觉正是我们在人脉交往中最不喜欢、最不需要的，因为它本身带有极强的消极意义，是与成功者所需要的心理与胜利的人生背道而驰的，而导致这种负面心理出现的最大原因就在于，我们未能与世界、与他人进行有效的沟通。

你的“裤子”被人剪短了吗

不管你身边拥有多少人脉，你的关键性力量多么强而有力，你都无法规避这样的事实：就算对方与你如同一体一魄，你们之间也有可能出现沟通障碍。最可笑的沟通失误在于：你的人脉中，每一个人都站在你的角度去想问题，最终却因为沟通不畅，而导致了失误的发生。

一位教授正在为一个非常重要的会议进行准备。前一天晚上，他一直兴奋不已，要知道，该次会议的规格之高、规模之大，都是他平生首次遇到的。全家人都在为教授获得这一次难得的机遇而激动。为此，妻子专门请人为他购买了一套极为昂贵的西装。

晚饭时，妻子问西装是否合身，教授说，上身非常好，但是裤腿却长了那么两公分，不过影响不大，照样可以穿。

为了第二天能有最佳的精神状态，教授晚上早早就睡下了，老妈却睡不着了：儿子第二天有这么隆重的演讲，穿着不合身的西裤怎么能行？反正人老了，睡眠也少了，为儿子改改裤子吧！于是，她翻身下床，将西裤剪掉了两公分，在缝好烫平之后，安心地睡了。

早上五点半，妻子因为家中有大事，所以起来得比平日早了一些。想起丈夫的西裤，心想时间还来得及，于是，便拿来西裤又剪掉了两公分，缝好烫平之后，惬意地为一家人去做早餐了。

一会儿，已经工作的女儿也早早起了床，看到妈妈还没有将早餐做好，便想起了爸爸的西裤。她寻思着，自己也该为爸爸做些什么。于是，便拿来西裤，又剪短了两公分，缝好烫平。

结果，这条裤子就彻底成了一条不能穿的裤子。

裤子被剪短，这只是沟通不畅给个人造成的最轻微影响而已，至少它不会造成人脉的流失。但现实生活中，若你缺乏足够的沟通力量，你极有可能让自己陷入人际关系的沼泽之中。

为自己塑造一个成功的人脉，其实质就是与他人进行良好的沟通，而且是达成有目的的良好沟通。一个拥有抱负的人，若想在工作中游刃有余、大展宏图，就需要善于与上司、同事、下属进行有效的沟通，这样才能将自己的成功之路打通；就算是年轻人之间谈恋爱，也需要学会把握对方的特殊心理，才有可能跨入到对方的情感世界中。因此，沟通永远是人们在日常生活与工作中应该把握的首要才能。从某种意义上来说，良好的沟通能力是我们获取财富、幸福、快乐与健康的最重要手段与策略。

让人脉通过良好的沟通技巧获得扩展

俗语云：两军相遇智者胜，而智中之智又以攻心为上。在与他人进行沟通与交往的过程中，人心可是最神秘莫测的世界。想要打开人心这扇神秘的大门，并非毫无办法。只要我们以“成功”的原则为指导，同时切实地掌握一些行之有效的技巧，我们自然可以很容易地将他人的心门打开。

在此，我们需要牢记的是，打通人心并不仅仅靠理性逻辑的力量，而是在很大程度上依赖于个人有多高的情商，因为虽然人心坚固，但它也同样十分脆弱。一旦找准了关键的要点，不管是对于恋人、总统、顾客还是千千万万的陌生人，也不管是在生活中还是在工作中，只要我们用心去做，其结果往往能够出人意料、事半功倍。

在我们掌握这些成功的沟通技巧之前，我们首先要做的是：正确地了解人性，这是我们致力于打开人心大门、提升自我交际能力的根本。

1. 了解人性

了解人性并没有哲学家口中所说的那么复杂。在交际过程中，我们可以将其理解为：我们必须按人性的本质去认同他们，要设身处地地认同他们，而不是用自己的眼光去看待他人，更不能把自己的意愿强加给他人。

交际过程中，人首先是对自己感兴趣，而不是对他人、他物感兴趣，换句话来说，不管此人表现得有多么谦和，他关注自我的程度都会胜过关注他人或他物。这就是人的本性。因为人类的行为是受自我感情与思想支配的，这种特征在人类中表现得极为强烈，慈善事业中的捐献者虽然善良，但是他的最大收获，是捐献这种动作本身为他带来的巨大满足感、自然感与从中获得的乐趣，而不仅是所捐献的物品对他人的意义。

2. 了解人际沟通中最常出现的问题

沟通本身就是一个接收、解读讯息的连续性过程。正是因为沟通是一个过程，所以它很容易出现差错。若你在交际过程中，与他人出现了沟通不良的情况，你也不必难过，因为这是一个非常正常的现象。

虽然沟通错误人人都有可能发生，可是，有些错误却是可以在沟通之前有意识地进行规避的。你可以用下面两个标准对照自己的行为，看看在人际沟通的过程中，你所出现的最大问题是什么：

● 本位主义过强：若你总是习惯性地站在自己的立场上去思考问题，去与他人进行互动的话，那么，不仅你的想法没办法顺利地传给对方，你也无法完全地接收到对方的想法，从而使人际交往受阻；

● 退缩思维：你不好意思去告诉对方自己真正的想法，结果，你也无法去了解对方。

人际沟通其实是人的本能，人天生就会处理人际问题，只是这种与生俱来的能力会在后天发展过程中受到影响而已。所以，我们不应去惧怕面对人际沟通的问题，而是应该相信，在这方面，我们拥有十足的潜能。

3. 怎样去增进与他人沟通的技巧

有关增进与他人沟通技巧的方法有很多，你最需要去重视的主要有以下几点：

● 选择合适的沟通管道；

● 选择恰当的沟通时间与地点；

● 注意你与对方之间的位比与距离；

● 注意你的表情、手势、声调与其他的姿势；

● 不需要太担心自己的用词。

面对面的沟通往往会通过三种信号来传达信息：55% 的面部表情；38% 的语音声调；7% 的遣词用字。所以，在沟通中，最需要注意的是自己的面部表情与语气声调。

在沟通时，位比的选择也非常重要，一坐一站式的沟通方式最易引发沟通不畅，双方都站着次之，都坐着较为温和；距离太近会令人感觉过于强势，距离太远又令人感觉过于冷漠，通常情况下，一个肩宽的距离是最合适、最能代表正面态度的。

在沟通姿势的选择上，你也应适时地选择：通常身体笔直代表你的情绪很高或是姿态很高；双手环抱、两脚并合表示你采用的是封闭的态度；而四肢自然下垂、身体向前微倾，则表示你正在接纳对方。

沟通手势也是需要注意的一个方面：手势很多，表示你可以接纳对方的意见；手势很少则表示你不能接受对方的意见，或是对对方所谈的话题不感兴趣；支配欲望强的人多半手势直接指着对方；服从性强的人往往会轻轻触碰自己，也常常会耸肩。

沟通表情更是你应在人际交往中注意的：若表情凝重，表示你正在怀疑对方所说的一切；若你的头部、脸部与眼睛都不与对方正面接触，表示你有防卫心理，而且缺乏自信；若你轻轻皱了皱眉头，甚至打了呵欠，则表示你对所谈话题根本没有兴趣。

4. 提升自己与他人沟通的勇气

既然人际沟通是一种本能，为什么我们常常会失败？其实，导致这种情况的原因有两个：一来可能是我们缺乏成熟的人际沟通技巧，二来可能是我们缺乏沟通的勇气。沟通领域中并没有专家，沟通得好，可能是因为两人恰好是彼此喜欢的类型；反之，也可能是一方很会沟通而另一方不懂得回应所导致的。

所以，在面对人际沟通的问题时，我们只需要“尽其在我”就好，而不需要去想这种沟通是否成功。唯一能够导致你彻底失败的关键是：你对这段沟通心存怯懦，只要你愿意沟通，你便已经成功了大半。

在沟通中，你应先倾听对方，而不是先急着说太多的话；倾听之后，再说话；如果你实在不会说话，就要记得面带微笑，越感觉不会说话，就越要和颜悦色、细心地观察，多去了解与关心这个人，而不是仅仅想着沟通。

5. 成功沟通的原则

成功的人际沟通能够使双方相互赢得对方的信任与尊重，但是这种沟通中也需要注意以下几个原则：

- 忠诚：你要让自己尽量成为他人可以信赖的对象；
- 保护：你应尽可能保障对方的权益，包括为他保守秘密；
- 用心：你应尽可能地去体会对方的感受；
- 理解：你应理解对方的想法，并尽量去尊重他、谅解他；
- 敏锐：你应尽量敏锐地察觉一些对方在意的细节问题，同时借此来显示出自己负责任的态度。

如果你恰当地做到了以上弹性交友的方式，你便不需要再担心自己的沟通技巧问题。不过，这些方法并不能让你的沟通效果立即见效，也并非看一眼就能学会，而是要经过慢慢的磨炼之后，不断地在交际过程中养成的。

营造人脉的成功秘密

与生俱来的沟通能力想要达到娴熟的运用是需要学习的。你需要对周遭环境的人际沟通情况进行了解，并让自己拥有见贤而内自省的本领。通过不断地学习与练习，再加上长期的自我提醒，渐渐地就能增进自己的人际沟通能力与技巧，进一步发展出更有质量的人际关系。

7 听多数人的意见，与少数人商量，自己做决定

良好的人际网络其实是私人形式的决策会议，你通过人际网络来获得力量，本身就是一个集中体现决策中的“先民主、后集中”过程的关键：理越辩越明，只有广泛地听取他人的意见，包括你身边的普通朋友与其他相关人

士的意思，然后，和与这件事情有着直接利益相关的核心人物进行商量，但是，最终做出决定的只有你，这便是人脉成功的关键：你的人生只有你能负责，只有你能做主。

听多数人的意见，获得思路上的扩展

美国著名社会学学者赫伯特·亚蒙说："当你需要对某事做出决策时，你需要找出可供自己选择的全部方案，若你的眼前只有一个方案、无法选择的话，你的人生也得不到优化。"持有同样意见的还有法国哲学家查提尔。查提尔同样反对做决定时只有一个方案或是只有一个设想："当你只有一个点子时，这个点子是再危险不过的了。"

从人脉网络中获得自己所需要的力量，是我们进行人脉网络维护的要义之一。在遇到了事情之后，人脉网络其实就是我们的智囊团：我们从中听取意见、了解他人对事情的相关看法，同时以此为基础，进一步地全面深入研究与分析，以求进行思路的扩展，使自己的思想得以激发而有所创新，从而拟订出更可靠的、可行性更高的行动方案。

这种人脉中获得意见的方法在各个时代皆有体现：

拿破仑之所以能在18世纪的欧洲战场上屡屡获胜，很大程度上是因为他在军队中拥有一个参谋机构。在他的领导下，该参谋机构会对战场上的各种实际情况进行分析，并拟定出各种作战方案，对在军事行动中有可能出现的各种变化进行预测，之后，拿破仑再从中选择出自己认为最有效的方案。这个参谋机构对拿破仑取得众多战役的胜利发挥了极大的作用，可以说，它将古代"谋臣"的功能变得更加具体化、专业化，而这正是集思广益在近现代战争中的再现和有效的运用。

成都外北公路立交桥是国内著名的立交桥，在设计该桥的过程中，设计者将设计方案准备了好几套，同时对各类专家、学者的意见进行了广泛的征集，在经过分析、对比各种方案的优劣之后，最终敲定方案。据说，在整个设计过程中，该设计师从自己的人脉中所获得的资料、意见稿简直可以用卡车来装。也正是因为从多数人那里获得了启发，该桥在建成之后，才有了“集大成”的功效，获得了广泛的好评。

美国社会学家尼尔伦·伯格对这种“从多数人那里获得意见”的方法非常赞同。他认为，人脑只有在互相启发、彼此感染的情况下，通过集体思考的强烈刺激，才会使思想呈现出空前活跃的一面，从而产生许多富有独创性的想法。而这种思考与决策方法最终所获得的结果，也往往不是独断专行的思考方式所能媲美的。

与少数人商量，才能不受其乱

在听取人脉力量意见的同时，你还需要与那些利益相关者或者自己的关键性力量进行商量，因为他们的意见往往与你有着相关利益的牵涉，或者他们更能够站在你的角度想问题，在这种情况下，他们的意见往往显得极为重要。你需要明确的是，群体性议论因为缺乏了利益相关或换位思考，往往让你陷入“当断不断”的混乱之中。

SOHO 中国董事长潘石屹曾经讲述过自己在创业早期经历的一件事。那时 SOHO 中国刚刚成立，为了让公司变得更加职业化、规范化，公司在进行战略决策时，引入了相当时髦的“群体决策”。

当时，北京望京地区还未获得充分的开发，潘石屹用自己敏锐的商业直觉判断，这一地区日后肯定会有大的发展。但是，当时公司中的大部分人都反对，而且，这些在投资方向拥有较多经验的人还职业化地引用了自己过往的经验或咨询公司的数据，证明 SOHO 应专注于核心商务区的发展，而不是将精力浪费在看不到潜力的“荒凉”地区。

潘石屹没有那么强的理论基础，再加上当时他的商业关键性关系还未建立起来，因此，虽然挣扎了很久，最后他依然决定放弃。

但后来的事实大家都知道：望京地区成为北京新的商业中心。

面对自己的这段经历，潘石屹总结说，大家的话不能不听，但是主意还是应该自己拿，因为义务与权利往往是对等的，风险与收益也同样如此。而且，一件事情中，只有负责人与直接利益相关者才应去承担这种风险与义务，而其他的人可能只是站在规避风险的角度上为你出谋划策。

这也正是我们所强调的，为什么你要在人脉网络中找到自己的关键性力量与人脉董事会的原因——他们都能够帮助你避免这种因为多数人意见而导致的损失，避免你受到过多意见的干扰。

用最优化法则，自己下决定

在通往成功的路上，听多数人的意见，是创新的源泉；与少数人商量，是为了快速地获得作出判断的依据；自己做决定，是让人生可以在自己的掌控之中。所以，你需要明白的是，不管自己的人脉能够带给自己多么大的思维创新，你都需要确定：你的人生是自己在做主的。利用最优化法则，可以让你在拥有掌控权的同时，又不漏掉人脉意见中的有效信息。

1. 在遇到难题之后，先从人脉中最广泛地征集意见

首先，你应广泛地收集信息，想要让自己做出正确的判断，你便必须要掌握大量的相关信息。古人说“兼听则明，偏听则暗”，对他人的意见进行广泛的听取，将会帮助你在最大限度上了解事情的真相。而那种只听一面之词的做法，则有可能让你陷入“盲人摸象”的笑话中。充分地了解他人对你所遇到的困难的看法，将有利于你下一步作出最优化决定。

2. 根据得到的信息形成最初的想法

你应对自己得到的意见进行筛选与假设。在这个信息爆炸的时代里，怎样从自己所获得的大量信息中筛选出对自己最有用的信息至关重要，这就好比，互联网的海量信息需要我们用谷歌、百度一类的搜索引擎去寻找一样。人脉便是我们的信息搜索引擎，但是它不能帮助我们完成所有的事情。只有从已经获得的信息中去伪存真，我们才能获得有利的信息。具体到人生的某件事情时，我们会发现，事情的关键点只有几个，重点在于，我们是否能够

准确地把握好，而这种能力无疑是需要后天培养的。

当你找到了自己所遇到的难题的关键点之后，你可以据此做出假设，为自己预设出若干个可能的方案：它们的投入与产出大概是怎样的？最突出的风险与收益点又在哪里。

3. 与利益相关者进行讨论

当你获得了自己的见解之后，你应进行初步的验证。古人曾经告诉过我们一个衡量方案的基本法则：两害相权取其轻，两利相权取其重。可是，最能明白一件事情“利害”的是当事人。与他们沟通往往能够获得事半功倍的效果。在这种时候，你可以找出与此事有最密切关系的若干人，与他们进行商量，并认真地听取他们的意见，从而达到从多个角度对自我判断进行初步验证的目的，并最终综合权衡。

4. 面对分歧，进行全面的思考，并勇敢地做出决定

面对众多意见，做出判断无疑是最困难的，我们鼓励个人进行独立决策的原因在于：人脉只是你个人发展过程中提出一种参考性的意见而已，最终人生还是属于你的，你需要对自己的每一个阶段进行有效的掌控，而做出决策无疑是最直接的掌控表现。

你需要注意的是，在四个“决定”步骤中，第二步与第三步是最难做的，因为与少数人商量时，自己往往会不由自主地受到影响，从而按其中某一个人或几个人的意见来做决定，特别是当其中存在权威性人物时更会如此。所以，你应记住，我们所说的是与少数人“商量”——商量只是听取意见，但并不是用他的意见来代替你的，最终“做决定”的还是你自己，你才是那个需要对自己的人生负责的人，而不是别人。别人不会为你的差错承担任何的损失，但你却会。想通这一点，你便拥有了最大的人脉力量。

营造人脉的成功秘密

听取他人的意见、与少数人商量，都是以自己的实际情况为基础的，它应该是不脱离自我本身的“脑际风暴”，更是帮助你将人脉思维力量最大化的关键。只有这样,你的人脉力量才不会变成“龙卷风”：将所有的利益与所有的风险一并刮走，从而让你陷入迷失方向与利益损失之中。

第七章 人生是场持久战，懂分寸才会被老天偏爱

关于实现梦想、关于分寸，我们必须在行。人生本身就是一场持久战，在这场战争中，没有人可以说是绝对的赢家。一味地残酷厮杀也并非竞争本意，相对而言，那些懂得适时进退、拿捏恰到好处的人往往能够长久地拥有享受美好生活的权利。

用你的德行吸引他人

许多成功人士之所以会有坚如磐石的人脉，并非他们在物质方面占尽先机，而是因为他们拥有众人愿与之交往、同时乐意给他们便利与机会的人格魅力。这种人格魅力源于他们愿意去坚持自己的原则、愿意去为他人行方便的德行。

执著守护你的德行原则

国内著名教授曾仕强曾经入木三分地对成功人士的人脉进行分析，之后得出“德行定终身”的结论。可以说，德行是人格魅力的灵魂，同时也是拓展个人人脉与进一步巩固人脉的前提。

郑周永，韩国现代财团的缔造者，素有“韩国财界总统”之称。他的现代财团被美国著名的《福布斯》杂志列为世界上十大企业之一。他出身寒门，走上社会时也仅仅是一个学徒工而已。他在没有资金、技术的情况下，能够在荒凉的海滩上建造起世界一流的工厂，与他个人对德行的重视是分不开的。最突出的表现是他为了维护公司的信誉，宁可亏损甚至将房产与石子卖掉，也要全力保证高灵桥工程按时完工。

在1953年，郑周永从韩国政府那里获得了高灵桥工程的施工权，并与政府签订了合同，合同中规定，该大桥的预算资金为5478万韩元，工期为26个月。但是，在施工期间，因为通货膨胀太过厉害，原有的资金大幅度贬值，这使整个现代化建设面临着严重的财政危机。

许多人都认为，这一次，郑周永一定会撑不下去，他的竞争对手也在幸灾乐祸地等待着他毁约赔款的消息。但是，郑周永一直以“信誉即财富”为自己的人生座右铭，为了在合同期内使工程顺利完成，他宁愿自己将一切的损失都承担起来。在家人与朋友的支持之下，他卖掉了一部分工厂以及自己的房产，终于筹集到了必需的资金。

在1955年底，高灵桥工程如期完工，在进行最终结算时，财务师发现，该工程的赤字高达6500万韩元。虽然该工程使整个现代集团大伤元气，但是，它也使郑周永获得了金钱永远无法买到的东西——信誉。面对郑周永宁肯自己背负巨额赤字，也要力求让工程保质、如期完成的做法，韩国政府与国民给予了他高度的评价，同时对整个现代企业表现出了绝对的信任。随后，政府的大部分工程都交付给了现代集团来承建，而韩国国民也皆以进入现代集团为荣。

西方商界有这样一句话：“德行是最好的竞争手段。”事实上，不仅仅是在商界，只要需要建立起人脉的地方，都已经进入了“德行时代”。个人的德行不仅是人生的发展之本，更是个人在社会上树立信誉、展示自我形象的最宝贵无形资产。个人想要在激烈的竞争中立于不败之地，便应营造起属于自己的德行特色。

赢得他人的信赖

著名企业家李开复先生对于德行人脉有着新颖而鲜明的观点，令人观之不忘。在他看来，商场上人脉关系的大小，就是个人能被利用价值的大小；

生活上的人脉关系大小，就是个人为别人贡献价值的大小。同时，他还提出了人脉发展观的四重奏：“创造自己的价值，展示自己的价值，贡献自己的价值，传递他人的价值”。而这种价值发展观，就是我们所重视的德行人脉的关键，同时也是赢得他人信赖的重要因素。

李诚只是一家普通公司的业务员，在向客户进行产品推销的时候，他极尽所能，不断地将产品的好处向对方阐述。当客户终于心动的时候，他在合同上做了一个小手脚：将原本一年的保质期改为三个月。这一举动的确使他省去了产品维护方面的不少麻烦，但是在客户眼中，他却成为了不讲诚信之人，以至于后来对方再次续约时，明确地向总公司提出，要换掉他。

其实，对于现实生活中的很多人来说，他们早晚都会意识到，如果你想要从他人那里获得自己想要的东西，就必须要让他人心甘情愿地去帮助你。而他人之所以会按你的意愿行事，其原因不外乎以下几种：法律的强制、心理的压迫、武力的征服、各种的诱惑、人格的感动。而在这几种方式中，毫无疑问，人格的感动是最令人信服、也最行之有效的。

德行的建立，需要赤诚之心

毫无疑问，如何才能让自己的人格去感动他人有多种答案：你可能需要迎合他人的喜好，你可能需要去满足他人的意愿，但问题在于，在人脉的营造中，如果你不能让自己成为他人信任的对象，那么你之前所做的一切，都会成为一句空话。

想要构建起自己的人脉资源，就要让自己拥有德行。德行是一个人拓展人脉资源、维护人脉网络的关键。可以说，一个人只有拥有德行，有信用、负责任，才能吸引更多的人与自己交往。因此，在与他人交往时，一定要首先让自己怀有赤诚之心：做任何事情时，都应全力以赴，而不是自欺欺人。有能力做好的，便一定要做好，唯有这样，才能保证自己的价值，才能以自己的价值赢得他人的信赖。自己的人脉才会增加而不是缩水，自己的成长才会获得持续的动力。

在面对客户、朋友这种已经成功建立起来的人脉资源时，我们更要切实牢记自己的“德行”原则。没有了德行，便会失去朋友的信任。没有人愿意与一个道德败坏、总是玩弄心计的人交往，在事关个人形象、做人原则的问题上，坚持自己的原则，让自己拥有一定的德行，方能在朋友圈子里树立起自己的形象，才能让他人信任自己，才能在关键的时候令他人愿意伸手相助。

营造人脉的成功秘密

从某种意义上来说，所有的行为都是一个在不断的反馈与循环中获得认知的过程。如果你想要得到什么，你就需要为之持续地做出努力。想要让自己成为人脉关系网中的“人气王”，你便需要用德行来为自己加分。以德行构建起来的人脉网络不仅可以帮助你实现自己的人生价值，还能够让你的人脉网络中的其他人同时受惠。

2 名利场上的隐性规则：勇敢承担责任

美国西点军校认为：没有责任感的军官不是一名合格的军官，没有责任感的员工不是一名优秀的员工，没有责任感的公民不是一个好公民。缺乏责任感必然会引发失职。西点军校的这一原则其实就是名利场上的隐性规则：在遇到了问题之后与其推卸责任、为自己的失职频繁地找借口，倒不如坦率地承认自己的失职；敷衍塞责，找借口为自己开脱，只会让他人感觉你不但缺乏责任感，而且也不愿意去承担相应的责任。这样的人就算才能再出色，也无法获得他人的认同。

人人都爱“负责者”

不管是何种阶层、何种职业的人都有这样的感觉：一个有责任感的人可以带给别人一种信任感，而这种信任感会让更多的人愿意与之交往。而且，只有当一个人为他人担当了更多的责任时，才能够在他需要别人帮助的时候，让别人愿意为他担当责任。不仅人脉发展如此，最需要人脉支持的企业发展更是如此。

在超市购买食物，你可以以不合自己的口味退货，听起来是不是有些不合理？但这种事情却在挪威真实地发生了：据媒体报道，面对日趋激烈的市场竞争，挪威国内第二大食品连锁超市宣布，若有顾客对他所购买的食物不满意，超市将会无条件地将所有的货款退回。

这家名为“库珀”的公司表示，因为食品零售业的竞争日趋激烈，为了吸引顾客，他们如今不得不以这种颇具有创造性的决策取胜。

在过去，顾客只有在发现所购买的货物有问题时方能退货，但是，按库珀公司出台的新规定，若是你买了一块巧克力，在回去吃过之后，却发现里面有太多你不喜欢的坚果，此时，你便能返回超市，要求他们退款。买回去的肉也一样，做好之后，你发现它不够新鲜，你一样可以退货。同样的策略甚至被运用在了狗粮上：若是顾客发现自己家里的狗不喜欢吃自己购买的狗粮，库珀公司也将接受这种近乎“无理”的退款要求。

面对媒体的追问，库珀公司给出了这样的答案：“我们相信我们的顾客都是至诚之人。若是他们对食品不满意，我们甚至连一个字都不会多问，就直接全额退款。你所需要做的就是将货物与收据拿来即可。”

库珀公司的发言人乌勒诺德表示，他们充分地相信，顾客不会提出无理的要求，而库珀公司也有责任为这些可爱的客人们提供更好的服务与产品。他说，管理层期望此举可以为公司赢得更多的顾客。事实上，他们也的确做到了：随着时间的推移，前来要求退款的顾客变得越来越少了，而愿意购买物品的顾客却变得越来越多。除此以外，因为更加了解了库珀公司，所以，有更多的供应商愿意与库珀公司展开合作。

这种勇于承担责任本身就是一种双赢的战略：于顾客，他们找到了最愿意为自己提供优质服务的公司；于公司，他们找到了最有利于自我长足发展的方法。商场如此，人际交往也是如此。

不管在何种场合下，每一个人在不同的方面、不同的层面上，都分别有需要自己去承担的责任。一个优秀的人，是一个明确了自我责任的人。如果我们能够意识到，并愿意去承担这样的责任，那么，我们的人际交往效率便会大大提高，我们在他人眼中的形象也会发挥到最佳。而且，在这一过程中，我们也会吸引到更多愿意与自己交往的人。

让责任为自己赢得认同

越是位高权重者，越是看重周围的人是否有责任感，原因无他：因为自己手中的权力越大，承担的责任也就越大，而他们的交友、人生策略，就在于，如何将自己所承担的责任、所需要担负的风险，通过人际交往不断地弱化。对于他们来说，交到一个敢于负责者，实在是人生中的幸事。

而且，对于那种以团队形式生存的人们来说，他们最需要的，就是成员之间相互的协作与彼此的责任感——团队的成功靠的就是成员彼此间的责任感，因为只有人人都愿意承担责任，团队的目标才能够实现，个人的目标才能够在团队目标实现的前提下有希望实现。

号称“经营之神”的松下幸之助便十分注重打造员工的责任感：“公司应发挥全体员工的责任精神，将松下打造成坚不可摧的企业。”而松下幸之助本人更是以拥有强大的责任感在商界著称。有一次，有记者向这位经营专家问道：为什么你可以使你的员工与合作者这样忠诚地为松下服务呢？松下幸之助回答：是责任，正是因为松下公司对于合作者与员工的责任感一刻都没有停止过，所以我们才拥有了如此众多的“朋友”。

因为责任，松下与员工、合作者之间建立起了可靠的信任关系，令他们愿意自觉地将帮助松下发展看成自己的责任，进而产生为公司做贡献的责任感,同时也使合作者之间建立起了密切的伙伴关系。这也证明了这样的道理：不管是在何种交往之中，只要个人拥有责任感，往往可以唤醒合作伙伴高涨的创造性与积极性，进而使自己形成强大的亲和力、战斗力与凝聚力。当种种力量皆汇集在你的身上之后，成功自然近在眼前。

责任塑造，从不同方面开始

世上鲜少会有人承认自己是一个无责任感的人，但事实上，能够从事情上切切实实地做到的人少之又少。其实，如何才能真正地负起责任很简单。

一个负责任的人应该具有积极主动的心态，应勇敢地承担责任，而不是在压力之下被动地去承担，或者不承担。积极主动的行为可以让人看到你的内心的确是愿意去承担属于自己的责任的。而被动地承担往往会让他人感觉，你只是在非情愿的状态下，不得已才去承担起自己的责任的。这样的人自然会令人想到如此的问题：一旦我有困难，他真的能尽到一个朋友的责任吗？

负责任并非一句简单的话，正所谓“有心无力”：个人没有承担相应责任的能力，想要承担责任往往会沦落为一句空话。试想，能力不足的情况下，却硬去承担责任，最终的情况就会如同自己仅能扛起五十斤的担子却硬要扛起一百斤，最后的结果不仅有可能将自己压垮，甚至还有可能将担子弄砸。

负责任需要你拥有团队意识，当下许多事情想要顺利地完成，都需要依靠团队的力量，而那种单兵作战，往往很难将事情做好。这也正是我们为什么要营造起属于自己的人际网络，依靠人际团队的力量去完成事情。如果一个人本身有严重的个人英雄主义情结的话，那么，人际团队中必然会出现纷争，因为没有人愿意去帮助一个处处自大、时时注重自我的人。

所以，负责任不仅仅是一句空话。当你想要依靠人际网络的力量打造出一片属于自己的天地时，不妨去想一下，你的责任感有多重？“负责任”三个字，你真的做到了吗？

营造人脉的成功秘密

就如同美国著名运动员刘易斯所说的那样：虽然有时候责任的确会令人厌烦，但是，不履行责任的话，你便会一无所有。每一个人的发展都不是孤立的，而想要在纷繁复杂的世界里做出一番成就，更是需要有人际网络的支持。可以说，一个人的发展资源多半是自己的人际网络给予的，而这种给予也有一定的前提：承担一定的责任，只有勇于承担责任方能在未来的道路上越走越顺，方能让自己的人生形成良性的循环。

3 才华是利刃，要好需技术

木秀于林，风必摧之。椽子长了，便无法受到瓦片的保护，遭受风吹雨淋的机会就相对多些，烂得快些。同一片林子里的树木，长得高了，就要独立面对大风的冲击，难免倒折，这是自然界的现象描述。但事实上，在日常人际交往中同样如此：对于正在尽力营造自我人际关系网的人来说，才华是一把利刃，想要耍好，便需要自我拥有强大的技术。

杨修到底是谁害死的

曹操身为三国时期最杰出的枭雄，其一生自然杀人无数，后人对他误解极深，其中最出格的就是曹操“妒才”之说。曹操一生爱才，他属于唯才是举、求贤若渴的典型，“争天下必先争人”是他的座右铭。而对他之所以会有“妒才”之说，完全是因为他杀死了杨修。其实，如果对杨修的一生进行全力的还原，我们便会发现，杨修之死可以说大部分是因为他自己造成的。

杨修世代簪缨，但是因为曹操的相府中人才济济，所以他只担任了小小的主簿之职，恃才傲物的杨修对此自然不甘，所以他经常会卖弄自己的小聪明，期望有一天曹操可以赏识自己。

但是，杨修的卖弄却引发了曹操的不满：一来相府中的有识之士遍地都是，杨修的张扬很容易引发其他人的不满；二来，杨修并没有将自己的才华用在正道上：他好像将自己的所有心思都用在了破解曹操的心思上了，但是却从来不提供有积极意义的计策。而且，每一次解读了曹操之后，杨修都会向他人故意炫耀。对于一个手握重权、身怀大志的人来说，时时处处都能被人“解读”，并不是一件好事。

杨修的行为早已影响到了曹操对军队的管理，甚至，在外人、下属绝不应多加干涉的立庶立长问题上，杨修也屡屡“献计”。为了考查两个儿子的才能，曹操一面故意令两个儿子出城门，一面又秘密地吩咐守门人绝不能让他们出去。结果，曹丕被挡在了城门内，而曹植却将守门人斩杀后顺利出城。曹操就此认为，曹植更有才能一些。但事实上，这个方法是杨修教给曹植的。杨修的插手，使曹操考察儿子的计划落空，令他作出了不正确的判断。

如果说，曹操之前只是不欣赏杨修对自我才能的炫耀，那么此刻，曹操已经将这种不欣赏上升为了杀心。“鸡肋”之事便成为杨修走向死路的最后一次炫耀：曹操在行军时，以“鸡肋”为夜间口号，杨修便立即推断出：鸡肋“食之无肉、弃之有味”，大军现在的情形就如同鸡肋，进不可胜，退恐人笑，明日必然班师。其实，杨修推断的完全准确，但是这种破译只起到了“乱我军心”的消极作用。军心动乱之下，曹操勃然大怒，喝令刀斧手立斩杨修，并将其首级挂于辕门之外。

杨修期望获得重用，并不断地卖弄小聪明，这本身是无可厚非的，但是，他错就错在过度专注地将目光集中在了曹操身上而不是军国大事上，以至于他的一生除了数次成功地解读了曹操以外，几乎没有留下任何值得后人称赞的地方。终于，他在再一次精彩地展示了自己的解读本领之后，赔上了自己的性命。

才华可以伤人，也可以助人

人都有渴望他人认可的心理，在人际交往中，这种心理会进一步凸显出来。可以说，没有一个人喜欢自己被他人比下去。生活中那些过于显露才华的人往往朋友极少，原因很简单：人们对这样的人多半只有敬畏与仰慕，并不真的喜欢他。因为绝大部分人都热衷于跟比自己笨的人在一起，很少有人愿意待在精英身边，将自己比得一无是处。

注意到这一事实，我们便需要明白：在进行人脉圈子的扩展、与他人建立起朋友关系时，一定要懂得利用自己的才华，去提升他人的价值。当你能够将才华运用到既帮助了他人，又为自己建立起人脉关系时，你的才华便会成为你成功的助推器，而不是路障。

贝尔刚刚从加州大学毕业，凭借着自己精明的头脑和干练的性格，他成功地在微软公司找到了工作。刚开始工作时，在知道了身边一些同事只是毕业于三流学校之后，贝尔忽然之间增添了几分优越感，并开始有意无意地炫耀起自己的能力。

但是，随后他便发现，原来那些愿意帮助自己的人都开始慢慢地疏远他了。从同事们的话语中，他了解到，自己的恃才傲物是大家不愿意帮助他的最重要原因。在意识到这一点之后，贝尔一改之前的做法，再与同事一起聊天时，他不再夸耀自己的能力，反而愿意去找出他人身上的闪光点。同时，当他人向自己求助时，他也不再是一副高高在上的样子。当贝尔的行为做出了改变之后，同事们再也没有对他冷眼以对了，而贝尔的职场发展之路也就此打开。

你在日常生活中是不是也常常犯炫耀自己这样的错误呢？如果答案是肯定的话，那么你要小心了，不然的话，你的人脉存折就可能会对你提出警示，导致人脉资本流失甚至透支，这不是一个聪明的人该有的做法。难怪苏格拉底在雅典一再地警戒他的门徒："你只知道一件事，就是你一无所知。"

学会用自己的才华去提升他人的自我价值感

用自己的才华去提升他人的自我价值感有许多方法。

若你的才华表现在口才上，那你不妨让自己去多赞美一下别人，让他人从你的言语之中听到真诚的心声。你也可以在他人需要口才上的帮助时，给他一定的建议，让他能够与你一样，学习到"舌绽莲花"的讲话技巧。

若你的才华是专业上的，那么，你除了在工作上不要总是处处争先、时时当出头鸟以外，还应学会恰当地后退，给他人让出一个成功的机会。同时，当他人需要帮助的时候，伸出手来拉一把，将自己的技术教给他人、对他人的不足进行巧妙的弥补，也是你应该去做的。

若你的才华表现在了人际交往上，那么，别把自己的人脉全部一人独揽，在身边的人需要某种人际关系的时候，及时地向对方建议最恰当的人选，促进他人的成功。在他人因此而得到了成功时，不仅你的人际关系中又多了一位有分量的成功人士，你也将因此而受到他人的感激。

营造人脉的成功秘密

过分才华横溢、却又不懂人际之道的人之所以在现实生活中处处遭遇坎坷，关键就在于，他们不懂得人性中的"成名渴望"：人人都有"主角欲望"，没有人愿意总是陪衬他人的成功。真正的人际高手懂得适时用自己的才华，去实现他人的价值，因为他们明白，为他人提供成为主角的机会，才能赢得其信赖。

4 人情储蓄奠定成功基础，别总是随意挥霍

当一个人身无分文地站在银行门口时，他所面临的结果有两种：一种是乐观的结果，另一种是失落的结果。幸运者可以拿着存折走进银行，取出自己平日里的积蓄，将问题彻底地解决；失落者因为没有积蓄，只能自尝其苦："为什么平时没有在银行中留点什么，以备将来不时之需呢？"在很大程度上，人脉就如同往自己的银行账户里存钱一样：你平日里存得越多，你最终所拥有的金额便越大。

晴天留人情，雨天好借伞

真正懂得营造人际关系的人，往往都拥有长远的战略眼光，他们多半会早做准备、未雨绸缪，这样，当自己身处危急之中时，便会获得意想不到的帮助。不过，现实生活中有些人在人际交往中往往会显得急功近利，他们片面地以为"钓到的鱼不用喂食"，这种短视完全违背了"钓大鱼"的原则。试想，不去喂食，小鱼怎么可能长成大鱼？

因此，若你期望维持长久的人脉，就要不断地增加人情储蓄。从表面上来看，人脉不能直接转化为财富，但人脉资源是一种无形资产，是一种潜在的财富。它就像一本存折，零存整取、定活两宜，经营得当将会一本万利。

1929 年的经济危机让很多美国人遭遇破产。尤其是许多中小企业，都受到严重波及，纷纷面临破产的命运。有一家副食店的老板虽然竭尽全力经营，仍旧举步维艰。他很不甘心，心想："努力了大半辈子，不能就这么放弃。"

于是，他开始钻研如何让客人们愿意继续照顾他的生意。最后，他终于想到一个绝妙的方法。他在苹果产地订购了一批苹果，并在尚未成熟的苹果上贴上一个标签，等苹果成熟时撕下标签纸，苹果身上便会留

下一片空白，老板便在这个空白处发挥创意：每次他都会从客户名单中挑出200名客人，把他们的名字写在透明的标签纸上，并贴在苹果的空白处，然后随货品一起送给客人。

每一位客户收到这些苹果时，都充满惊奇与感动，他们没有想到老板竟如此细心与用心。随着经济危机的不断扩大，周边的食杂店纷纷倒闭，只有这家副食店的销售量大增，每天都顾客盈门，最后商品供不应求。

这位老板为自己赢得人心的方法其实花费并不多，但是当每位客人接到这份礼物时，心中的感动甚于接到名贵礼品。

事实一再说明，人与人之间的“感情投资”应该是经常性的，并非可有可无的。从生意场到日常交往，人们都应该处处留心，善待每一个关系伙伴，要从小处、细处着眼，事事落在实处。

随意挥霍，会让你的人情储蓄迅速瓦解

任何企图在一夜之间累积巨额人脉财富，或者想无止境地透支人脉财富的想法，都会让你的人脉存折因经营不善而走向濒临破产的境地。其实，在当代社会里，“人脉”一词早已被滥用到了带有负面意义的味道在里面。因为，有人一直在不断地强调“人脉即钱脉”，就如同他们建立人脉的唯一目的就是为了赚钱。但事实上，想要与他人之间建立起良好的关系，你需要想尽一切办法去建立起彼此之间的信任，并使这种信任持续下去，这才叫人脉。

若是你花费时间，终于将自己的人脉网络建立起来了，那么，你还是应小心而谨慎地运用自己的人脉，不要让前面的努力都白费了。

迈克与杰尔本身就有一定的交情，近期，迈克正在求职，杰尔知道以后，便很热心地帮助迈克找了一份新的工作，并直言：自己可以当对方的推荐人。

迈克非常高兴地去投了简历，并参加了该公司的面试。但是，面

试的过程并不是很顺利，迈克感觉，面试官问了他一些问题，而这些问题恰恰让他有了对方在刁难自己的感觉。在面试过后，他立即气呼呼地打电话给杰尔，劈头就是一句："你不是说，你要帮我介绍工作吗？怎么提了你的名字当推荐人，结果面试还是这么难过，而且薪水还这么低！"

杰尔被一阵抢白之后哑口无言，心里犯起了嘀咕："什么啊！早知道就不帮他介绍了，真是好心没有好报！"

这个案例乍看之下仿佛夸张，但却真实发生在我们的周围，我们可以发现，只一次，迈克便将杰尔这条人脉给断了，甚至，杰尔还会与其他的好朋友说，以后千万不要给迈克介绍工作，因为出力却不讨好。本来是一个巩固人脉的好机会，结果却因为迈克的随意挥霍而使人脉被斩断了。

其实迈克想要让人脉更加巩固的方法很简单，他只需要对杰尔说一句："很感谢你为我介绍工作，可是，我的表现不是太好，希望不会让你丢脸。"这样一句话，便能使杰尔感觉自己的付出得到了承认，而迈克也表现出了珍惜这条人脉之心，而这种双向的认可正是人脉关系逐步增强的最好方法。

由此可知，不管是由自己亲自建立起来的人脉，还是由自我人脉中进一步伸展出去的人脉，都不应进行随意的挥霍，而是应付出长期的关怀去进行维护，只有这样，才能让自己的人脉中杜绝"一次性人际"的现象，才能让自己在看似不经意间，建立起属于自己的人情储蓄。

用心维护，增添自己的人情储蓄

人情储蓄与银行储蓄一样，仅仅在银行开个账户、存入现金是不行的，你还需要利用恰当的方法，去维护、管理好自己的人脉，既要令其充分发挥作用，又要防止透支的现象出现，并以良好的管理能力，确保你的人情储蓄是在增长而不是在递减。

众所周知，知恩图报是人之常情，在人际交往中，你对他人的帮助越大，他人能够向你提供的回报也就越大。这是因为，大家都期望可以做到在感情上不欠债，因为感情债多半是最能给人压力的。因此，我们强调，不到万不得已之时，不去轻易地动用自己的人情储蓄，因为人情储蓄就如同酿酒一般，越陈越醇；时间越久，越能回味无穷。不轻易给他人提供回报的机会，平日里让对方一直记挂在心上。即使是到了非取不可的地步，也要讲究一定的技巧，尽量做到按需支取，切忌过分贪得无厌，令他人产生你“得理不饶人、胃口大得很”的印象。而那种恶意地对人情进行透支的现象，更是会让你的人情储蓄不断地处于亏损状态，甚至有可能让你的人脉账户被封，出现失去朋友的局面。

另外，若是你期望自己的人脉存折中的人情不断地增值，你还应在以下这些方面下好工夫：

● 学会信守承诺，守信对你的人生而言是一笔没有风险的巨大收入，而背信弃义则是庞大的支出，其代价往往会超出其他的任何过失；

● 要诚恳而正直地去面对自己的人脉网络。诚恳与正直的最直接表现是：背后不言人短，在人后依然对他人保持尊重之心。这样可以赢得他人的信任，为自己的形象加分；

● 要学会理解他人。理解他人是一切感情成功建立的基础，想要被他人理解，就需要先理解别人，只有在心灵上建立起了相互沟通、相互谅解的空间，彼此间的交往才能顺利进行；

● 多从细节着手。在与朋友交往的过程中，一些看上去平凡的细节，往往是最能打动人心的地方。在细微之处体现出来的真情，在待人接物时表现出来的细心与对他人的关爱，能够帮助你赚足印象分，令人对你平添几分尊重。同时，魔鬼与天使往往并存于细节之中，一些表面上看无关紧要的小节，如人前疏忽礼貌、不经意地对他人食言，其实最能够消耗情感账户中的储蓄了。

营造人脉的成功秘密

一个人在一生中一定会遇到以下三种境遇：需要他人帮助的境地，自给自足的境地，可以帮助他人的境地。人脉的重要性就在于，除了力求让自己处于后两种境地以外，还要力求在自己身处第一种境地之中时，有人愿意帮助自己。管理好自己的人情储蓄，别随意地挥霍，你才能让自己在需要他人帮助时获得真正强而有力的援手。

5 保持来往，才能建立密切的人际关系

除了进行人情储蓄以外，你也需要注意到这样的事实：只有那些紧密联系的人才会愿意在你陷入困境、需要帮助时伸手。假如未来有一天，你的事业破产或是家中突然有事发生，你在半夜需要一万块钱应急，会有几个朋友愿意借钱给你？也许一个都没有。这并不是对方没有钱，而是他们不愿意将钱借给你，过度的疏远使他们不了解或是根本不信任你。每一个人都需要自己的人际关系网络，这种网络不是在危难的时候才去想，而是每过一段时间就需要去来往。

来往之间，人情自有

现在，来细细想一下吧：你最近一次与朋友一起用餐是什么时候？你最近一次与朋友通话、写邮件是什么时候？在周末或是假日，你是否抽时间去朋友家里坐坐……若是以上事件在很长一段时间内都没有发生，那么你就要注意了：你的人情储蓄不是在增加，而是在不断地减少。世界上最伟大的推销员乔·吉拉德有一个著名的人脉营造理论：若是你不主动与客户联系的话，那么，你的客户便会飞快地流失。当然，将其套用到人脉网络的维护方面同

样如此。若你期望维持良好的人际关系，同时建立起新的人际关系，就需要不断地、主动地与朋友进行联系。

在这方面，商界奇才凯思·法拉利便提供了相当出色的经验。

凯思·法拉利出生在一个平凡而普通的家庭中，幸运的是，父母并没有因为物质上的匮乏而对法拉利的发展进行限制，而是积极地支持他去着手改变自己的命运。通过努力，法拉利考入了美国著名的耶鲁大学。毕业之后，他又进入了哈佛大学商学院，并在那里取得了对外贸易的学位。随后，法拉利正式进入商界，开始了自己传奇式的奋斗经历。他曾经在全球知名的德勤企管顾问公司担任行销长，并担任了一家知名顶级跨国连锁饭店有史以来最年轻的行销长，并在好莱坞一家知名媒体行销公司担任了 CEO。

回看法拉利的一生，我们会发现，加在他身上的各种名誉简直是不胜枚举：他不仅是“耶鲁大学的校友会会长”；《福布斯杂志》、《华尔街日报》专栏作家；同时更是世界 500 强企业“最年轻的行销长”；世界经济论坛选他为“未来全球领袖”之一……

每次提起自己的这些成就，法拉利都认为，这些完全要归功于自己所拥有的良好人际关系。他的记事本中储存了 5000 多个朋友的名单。这份庞大的名单中，大多是能够在工作、情感、生活等各个方面给予他不同建议与亲切分享的“后援队”。任何时间，只要法拉利拨打这些人的电话，他都可以找到他们本人说话。

法拉利如此形容人脉：所有的人际关系都如同肌肉一般，越练习越发达，特别是一定要掌握一个关键的原则，绝不可以让自己在人际中隐藏或是消失，那样只会让人注意不到你。在他看来，平日里，每天抽出几分钟，给朋友打个电话、发封邮件等，都是自己进行人脉交流的方式，而通过这些方式，他也获得了真真正正的长久友谊。

由此看来，所有的成功人士除了拥有庞大的人脉资源以外，还会与这些人脉长期保持着良好的联系。美国著名的人际专家哈维·麦凯就曾经说过：

当世界改变时，有一件事你应永远保持不变——那就是你应用一生去维护自己的人际网络。当我们进入了一个快节奏、高压力的时代中时，如何在时间、人情之间获得良好的协调，让自己的人情储蓄在一来一往间增加而不是减少，对于每一个人而言，都是需要去慎重对待的事情。

乔·吉拉德：每个月一次的卡片付出赢来的成功

比尔·克林顿是美国民主党继罗斯福以后当选的第二位总统。在接受采访时，他告诉记者，在每天晚上入睡之前，他都会对今天联系过的每一个人进行回忆，同时将这些人的个人资料、会面的地点与时间、会谈的内容与其他应该要记录的事情记在小卡片上，并进行妥善的保存。在平日里，他会选择那些对自己的政坛发展最有帮助的人进行多次的联系，以此来获得他们的支持。

或许，你的处境无法与克林顿相提并论，而你的学历、背景与金钱等各种条件也不足以让你高攀太多的重要人脉，但你应该从现在开始做的是：不管自己的工作有多忙、压力有多大，你都应积极主动地投入、参与到自己的人脉资源网络中，和那些与自己趣味相投的人们进行和谐而自然的相处。

正如同乔·吉拉德所做的那样，为了与客户建立起更加稳固的关系，为了将这种关系进一步转化为更可靠的朋友关系，他每个月都会向自己的客户寄出一张贺卡，而且，每一次的贺卡设计必定不同：比如，一月时，他会以淡雅的白色为主调，在贺卡上写上“乔·吉拉德祝你新年愉快！”；二月则会以红色心形设计为主，字样也会变成“情人节快乐”；三月份则会是粉红色的卡片，因为有“妇女节快乐”……一直到感恩节和圣诞节，他的客户在每一个月都可以收到乔的问候与祝福。

据乔·吉拉德自己介绍说，每个月他寄出的卡片数量超过了一万四千张，若仅按这一数字来计算的话，一年就是十六万八千张。很显然，这些卡片本身就是一笔不小的支出，但我们也可以看到，乔因为这些付出建立起了牢固的人脉资源。他的真心使每一个有购车计划的人都考虑从他这里入手。也正是因为他一直在用心地维护与客户间的来往，所以他所获得的收获也是最大的。他的零售业绩早已打破了吉尼斯世界纪录，而且至今无人能破。

我们可以毫不夸张地说，80% 的关系都是通过日常生活中类似于打打电话、发发信息一类的小联系来维持的，因此，你需要让自己不断地与朋友产生来往，在不断的联系中，人与人之间的感情自然会加深。永远不去停止这种来往、永远坚持联系，你的人脉网络便会有新的营养成分进入，你的人情储蓄便永远不会枯竭。

如何维系来往，才没有压力

虽然维护人际网络如此重要，但是我们不得不去面对的事实是：随着社会生存压力的不断增大，我们能够供自己支配的时间也越来越少了。如何才能在成功维系与人脉网络名单上的人来往的同时，让自己减少压力？

你应该首先为自己的人脉网络划分出一个有着不同等级的图表，初次制作这张图表时可能有些麻烦，但是它却能在日后让你的人情来往变得容易。比如，一级是目前对你帮助最大的朋友，应至少半月联系一次；二级是在未来几个月或是半年内有可能对你有帮助的人，你应至少一个季度联系一次；三级则是未来但不确定什么时候可能用到的人际，这些人至少应半年打一次电话或是发一次信息；四级是其他所有认识的人，至少应每年联系一次。

营造人脉的成功秘密

不要只是凭想象便判断这些行为会浪费你多少时间，事实上，若你真正地做起来便会发现，凭借现代通信的快捷，你用来想象的时间早已足够做这些事情。而且，如今，网络即时信与社交网络如此盛行，你完全可以利用它们，与身处各地、甚至身处异国的朋友进行联系。

6 人生堑壕战中，自己活，也让别人活

个人在人生堑壕战中是表现得桀骜不驯、殊死搏杀，还是宽容待人、处处留出余地，取决于个人对于生存哲学的具体理想。但不管理想如何，在营造人脉时，我们势必会面对到这样的事实：你的人脉网络中有可能涉及利益竞争。具备一定的预见能力与宽恕能力，对我们争取个人幸福大有裨益：预见能力会帮助我们的人际网络避免受到伤害与损失，宽恕能力则会为我们在最大程度上免除人事纷争。

有共生，才有新机会

你若期望自己能够愉快而顺利地建立起有利于自己的人脉，就一定要懂得共生效应：自然界中存在这样一种现象：当一株植物处于单独生长状态下时，总是显得过于单调、矮小。而当它与众多同类植物一起生长时，则呈现出了根深叶茂、生机盎然的一面。这种植物界里相互影响、相互促进的现象同样存在于人类社会中，从1901年到1982年，英国卡迪文实验室先后出现了25位诺贝尔奖获得者，而这一现实案例，便是“共生效应”的最杰出典型。

公司原来的设计总监临时有事离职后，总部派来了一名空降兵——哈佛管理学院毕业的舒雅。虽然老板并没有指明舒雅的具体职务，只是说由她暂时管理设计部门，但是大家都知道，这是在为舒雅了解部门详细情况做准备。

舒雅不愧是高才生，在第一天上班时，便发现了管理制度存在明显的问题。她训斥部门中的一位老员工：“办公室不是你吃早餐的地方！如果下次再让我看到，直接扣除一天的工资！”然后她又转身对着另一位穿着牛仔裤的员工说：“请你以后注意自我形象，不要在公司里穿得像在街上买菜一样！”

可舒雅并不知道，公司在着装方面一直没有明确的要求，而那位老员工则是因为早上送孩子上学太忙，所以才会出现在公司吃早餐的情况。这种颐指气使令所有的老员工都心生不满，并渐渐地在办公室中形成了一股自发抵制舒雅的局面。最终，舒雅由于无法顺利接手管理工作，不得不黯然离职。

职场中的人际交往如此，现实生活中同样如此：若深究下去的话，我们便会发现，能够被牵扯到同一张人脉网络中的人，大多都会存在或多或少的利益竞争。这种"竞争中相互依赖"的局面便是个人与整个人脉网络进行有机组合的最佳互利机制。所有的人都会共同生存与发展，而且所有成员之间都会存在共同特征，即在整个人脉网络中，每一个成员都会因为共同系统的存在而获得比单独生存更多的经济与现实利益，这便是经济学中的"1+1>2"的共生效益。

当你将自己放于竞争者的状态下，为了某一目标而奋力拼搏时，千万不要忘了，他人与你一样，也有生存的权利。若你遗忘了这一点，你将会遭遇与舒雅同样的命运。

避免零和博弈，让人际双赢

在博弈论中，有"零和游戏"一说：参与游戏者必定有输有赢，一方赢，便一定会有另一方输，而游戏的总成绩永远为零。在当代，零和博弈之所以会受到广泛的关注，原因在于，它存在于生活中的各个方面：从个体经济到国家政治，有胜利者的微笑便必然有失败者的痛苦，所有的一切都在验证，世界正是一个巨大的零和游戏场。但事实上，随着科技的发展、人际交流理论的不断丰富，人们发现，胜利并非一定要建立在损人的基础上，通过合作，是有可能出现皆大欢喜的结局的。

几年前，通用电气公司面临着一件极为棘手的问题：是否要将优秀的电气工程师斯坦梅茨从部门领导位置上撤下来。斯坦梅茨是通用公司中最为优秀的电气工程师之一，但是很明显，他却不懂得如何去当一个好领导。在他任计算机部门的领导期间，整个计算机部门怨声载道，并且出现了工作效率明显下降的事情。

斯坦梅茨的能力是显而易见的，但是再让他担任领导职务也有些不可能了。如何去处理这位不可或缺但又极为敏感的人物，成了通用董事会极为烦恼的一件事。斯坦梅茨的性格极为怪异，而且他的能力又对通用如此重要，一旦他离职，会造成无法估量的损失，很难保证，他不会转向其他电气公司，成为自己最为强劲的对手。显然，此时全公司上下都在等着看这位杰出的电气工程师是否能承受被贬职的打击。

这时，公司董事会中有人出了一个好主意：为斯坦梅茨安置一个新头衔——通用电气公司顾问工程师，其工作内容与从前相同，但是部门的领导工作则由他人来接替。

对于这样的安排，斯坦梅茨十分高兴：他也很清楚，自己没有领导才能，在计算机部门的失败就充分证明了这一点，但如果被免职的话，自己也会面子无光的，而这样的安排无疑对自己是最好的。

公司的高级职员们也暗自庆幸，他们小心翼翼地完成了对这位性格怪异的天才的重新安置，而且丝毫没有把他激怒——成功的关键在于，他们让他保住了面子，并顺利地达到了双赢的局面。

企业管理如此，人际交往更是如此。任何人想要获得成功，都需要从自身做起，摆脱零和博弈的影响，与他人一起双赢。如何在不触犯到他人的底线、保住他人利益的情况下，让双方通过合作创造出更高的价值，同时实现真正的公共利益，这是每一个营造人际网络者应去尽力做到的事情。

告别零和，走向共生

不要总是认为利益真的是一块蛋糕，别人抢走一块，自己便会少吃一块。其实，人生并不是一场“零和游戏”——他人得利，你便会失利。真正的聪明人往往懂得从以下方面入手，尽力营造出共生效应的状态，让自己获得美好的同时，也不妨碍他人获得幸福。

1. 尊重差异，学会换位思考

正是因为人与人之间有着明显的差异，才有了现实生活中林林总总、多姿多彩的大千世界。职场中，你应尽量学会尊重他人的个体差异，同时尽力寻找共同点。尊重他人与自己的不同，做到不挑剔、不嫌弃，包容他人的错误，肯定自己的选择，你才能获得更大的发展空间。

2. 互帮互助，互补共赢

现实生活中的很多时候，利他便是在利己。每一个人都并非完美无缺，在很多情况下，让你的合作者生活得更好，你才能更好地生活。学会以他人的长处来弥补自己的短处，同时积极主动地帮助他人，你便会发现，由于你的主动，他人往往也能在你需要帮助的时候，乐于伸出援助之手了。

3. 轻松竞争，携手同行

时代的剧变令竞争成为了一个沉重的话题，我们总是可以听到许多有关残酷竞争的事实，那些明争暗斗、尔虞我诈、恶语中伤乃至拳脚相向的恶性竞争依然层出不穷。难道我们不能利用双赢的智慧去削去竞争的锋芒，让自己与他人形成微笑竞争、携手同行的和谐局面吗？竞争本应是站在美德肩膀上进行的优美舞蹈。小到个人生活领域，大到公司的发展前途，这种“以德先行”健康竞争本身就是在利用自我美德为竞争进行镶边着色，让竞争在微笑中将心灵进一步放松，在合作中形成共同进步。

4. 以宽容行事，以理解体谅

宽容与忍让是自我素养的重要体现，更是一种豁达的人生境界。我们实在没有必要去与别人斤斤计较，更没有必要与他人在小事上过分争强斗逞。很多时候，给别人让出一条路，便是在给自己留出一条后路。不要总是企图以他人的拙劣来证明自己的优秀，更不应事事、处处、时时都显示出唯我独尊的态度。在一些非原则与无关大局的事情上，你应该学会理解与沟通，学会体谅与包容，更要适当妥协、从容让步，唯有如此，才能让自我心境处于平静状态中，才能使自己的人脉环境处于稳定状态下。

营造人脉的成功秘密

现实生活中，许多人之所以愿意与某人长期交往，从表面上来看，是因为他会做事，但其实最重要的还是因为他做人非常成功。一个人若是能够与人脉资源网络中的大部分成员形成合作、互利的关系，便会使人乐于与之相处，这样，往往可以创造出双赢甚至多赢的人脉资源关系。拥有这样的人脉资源之后，不仅能够带给他人更愉悦的体验，同时也能让自己做事更有效率，而这样的人脉关系绝对是最有价值的。

7 用新命运改变论，实现蜕变与升华

我们在尽力纠正自我人脉交往的错误方式、进入高端精英人脉圈子的同时，也需要注意到这样的事实：许多精英圈子为了便于成员之间的交流，都实行了一种高门槛的准入制度，他们从来不会追求人脉的数量，而是追求真实的人员质量。他们利用这种方法来避免那种徒有其表、华而不实的中空人脉。如果自身的条件不足，便极难加入这些人脉圈子之中。如何让自己加入这些精英圈子是你改变命运、获得职业与人生蜕变的关键。

想一下，你拿什么来吸引他人的目光

当你面对自己经营惨淡的人脉时，与其抱怨他人对自己的不赏识，倒不如拿起镜子，细细地去进行自我审视：我有什么优势能够吸引他人的日光？我有哪些潜力，能够让他人愿意与我实现利益交换？这种审视会让你发现自己在能力、人脉营造方法上的缺陷，同时也能让你意识到，你之所以无法赢得重视，是因为你的能力不足，而不是因为他人的眼光不够。

一个美国小伙子在中学毕业之后便立志要做一名优秀的商人。后

来，他考入了麻省理工学院，但并没有直接去读贸易专业，而是选择了工科中最为普通的基础性专业——机械。

大学毕业后，小伙子并没有马上投身于商海中，而是考入了芝加哥大学，开始攻读为期三年的经济学硕士学位。几年下来，在知识层面上，他早已算得上是一个商人了。

出人意料的是，在获得了硕士学位后，他还没有从事商业活动，而是考取了公务员，到政府部门去工作了。他深知，经商必须要拥有极强的交往能力，更何况官场的险恶、仕途的多变也容易培养自己机敏、老练与临危不惧的品格。

在政府部门工作了5年之后，他辞职下海经商，利用自己在学校与政府部门所积累下来的人脉关系，获得了斐然的业绩。

又过了两年，他依靠多年的人脉，开办了自己的公司，并为自己的公司起名叫拉福商贸公司。20年后，拉福商贸公司的资产从最初的20万美元发展到2亿美元。

这位美国小伙子就是现如今美国知名企业家比尔·拉福，他为自己的经商理想足足打了十几年的基础，他不断地更新着自己在人脉圈子中的身份、形象，从而让自己获得了更多的成功可能性。

对待如何从人脉中获得成功这一点，不同的人总是会有完全不同的做法。一种人永远活在梦幻里面，而另一种人则会如同比尔·拉福一样，从来不会抱着不切实际的幻想去做事。他们致力于培育自己的成功形象，一步一个脚印地为自己的成功砍掉路上的荆棘、劈开路上的顽石，并最终架起了通往成功的桥梁。

改变自我，获得人生升华

改变其实很简单，按下面的方法进行，你便有机会实现自我人生的升华：

1. 通过自己的人脉去了解竞争对手，不断地促进自己

在人脉网络建立的过程中，你势必会有对手。正所谓知己知彼，百战不

殆。此时，你需要掌握对手的特点与动向，比如，他们是否参与了相关的职业训练，是否接受了相关的进修，以加强自己的技能？他们在人脉网络中的名声如何，是否参与了一些较有发展性的圈子。

你的人脉网络是你获得此类信息的最佳渠道，而且，你从中所获得的大部分信息都是真实而可靠的。更值得高兴的是，你的朋友只会帮助你，而不会去帮助你的竞争对手。在了解了你的竞争对手之后，与打压对方相比，更重要的是对照对方的长处，做到取长补短，保持自己的优势，追赶自己与对方的差距。

2. 让自己保持适度期望

你在营造自我人脉的时候，你或许会升起各种不切实际的幻想，比如，想要借助于人脉一飞冲天。但事实上，你对人脉的期望不能过高，那种在短时间内认识多少人、获得怎样的社会提升的想法都属于不切实际的想象。

同时，千万不要对自己的人脉抱有盲目的乐观态度，人们佩服那种敢于运用勇气去打入比自己目前的圈子更好的人，但是，勇气与无所畏惧是不能混为一谈的。比如，你需要对人脉中有可能涉及的陷阱、失败进行充分地了解，唯有如此，你方能对人脉获得健康的认识，而这种认识正是你从人脉中正确地汲取力量的前提。

3. 对自我进行深入的分析

你究竟能被什么样的人际交往圈子接受，关键在于你拥有怎样的身价。提高自我身价的途径有多种，不管哪一种，都需要你去付出持续的努力，以形成个人的核心竞争力。在进行自我提升的时候，你需要先对需求进行分析。

你可以按以下两种方法来进行自我需求分析：

● 开动脑筋，将未来 5 年间你认为有必要去做的事情写下 10 件，并尽量保证在不局限自我、不顾虑太多的情况下让内容更确切；

● 利用这一句式："在我死去时，若我……我将毫无遗憾"，想象一下这一场景，你便能清楚地知道，怎样的成就会让你获得心灵上的满足。

与此同时，你还需要根据 SWOT（优势 / 劣势 / 机遇 / 挑战）分析法，试着对自我性格、所处环境的优、劣势进行分析，并想象自己可能会获得哪些机遇，而自己的人脉之中，又有哪些地方能够与自己的这种分析相契合。

4. 获得能力上的实际提升

当你想要接近某个精英人士时，你的能力缺陷将会成为阻碍你与之进行交流的最关键因素：若你无法与自我人脉圈子中的精英保持同步发展，你便无法从相应的高度与对方进行了解。无法站在同一起跑线，你们之间的联系会随着差距的增大逐渐脱节。在能力的缺陷下，你自然无法为两人间的深入交流提供更有价值的意见，等待你的便是沟通不畅所引发的交际失败。唯有时刻对自我能力进行提升，实现与人脉圈子的同步发展，人脉中的精英才能够注意到你，他们才会将相应的使命、任务交给你，而你实现个人成长的机会自然会在这些使命中蕴藏。

5. 控制弱点，发挥优势

在人脉交往中，发挥自我优势是必要的前提，但是，人人都有自己的缺陷，这些缺陷有可能成为你人际交往过程中的最大弱点。你能做的，不是将自己的弱点完全地改掉，而是学会如何控制它们，使它们可以不对自己正常的人际交流产生负面的影响。

- 在做每一件事情的时候，都尽可能做到更好；
- 为自己设计一个更好的、发挥自我长处的做事系统；
- 学会使用你最强的优势去掩盖你的弱点；
- 为自己寻找到一个能够进行优缺点互补的伙伴；
- 当你发现你自己无法做好某事时，你应该立即停止做这件事情。

只要你能够遵循这五个原则去做事，那么，你便能够在自己的缺点彻底摧毁你的人脉之前，规避这种可怕的风险。而且，接下来，不管你做什么事、与什么样的人交往，你都能将自己的优势放大到极致，在最大限度上引发对方的认可与关注。

在发挥优势方面，你同样可以遵循以下 三个原则：

- 如果你期望可以将某件事情变成自己的优势，你便需要始终坚持如一，在做事时善始善终；

● 你没有必要让自己变成完人，如果你期望在某事中表现突出，你所需要的只是突出其中的一项优势；

● 成功的关键在于将自己的某项优势进行重点的发挥，而不是如何去克服自己的缺点。所以，当你因为缺点而自卑时，回头审视一下自己的优势，你便能赢得最大的成就感。

营造人脉的成功秘密

极少有人可以和与自己的地位、能力相差太远的人建立起真正意义上的人脉关系，因此，你必须接受这样的事实：如果你不具备一定的条件，那么，就算李嘉诚站在你的面前，你也无法让他关注你。所以，别再花费大量的时间与精力去认识无关紧要的人了，与其匆忙地去关注他人，不如事先确定好自己的价值定位，不断提升自我，然后针对你的目标人脉进行有效的传播。只有这样，你才能有效地改变自己的命运。

后记

如今，人际的重要性早已不言自明，我们身处一个“人际决定未来”的时代里，在这一时代中，如何从自己有限的人脉关系中获得无限的力量，成为了个人发展空间大小的决定性力量。但是，如何令这一力量成为个人发展的助推器是人们最需要解决的首要问题。

编写这本《你认识谁》正是为了解决这一问题，但是，想要写出一本出色的书并非易事，显然需要付出更多的时间与精力。幸好，在编写此书的过程中，我获得了许多编辑同仁、社会友人的支持与肯定。

我需要特别感谢的是徐宪江老师，他在整本书的策划、编辑与后期整理过程中，为我提供了具有建设性的意见。与此同时，我更要感谢与我同为编辑的郭蕊蕊、韩博、李晨、李玲玉、马玉波、毛秦楠、聂海荣、裴昕、王荣丽、杨秀红、冯美华、周龙……他们不仅为我提供了丰富的意见，同时还将自己对社交、人际的深刻认识告之于我，也正是因为有了他们的指点，这本书才能称得上是“合格之作”。有此益友，足矣。

书已经写完，算是交了一份作业——准确而言，是借鉴了各方的经验、在每一位前辈、友人的指点之下完成了自己的作业。虽然终于将它完成，即将付梓之即，依然忐忑：我期望为作者奉献上最出色的产品，故写作过程中不敢懈怠；虽然困难重重，但也愿全力以赴。如今完稿已在眼前，却知道“百密一疏”的情况难免出现。因此，我期待着专家与众位读者们的批评与指正。

编　者

2012-10-12